改变世界　中国杰出企业家研究系列丛书

为世界留下东方企业家的商业智慧与管理思想

苏勇　主编

王传福：技术智造

顾倩妮　张　强◎著

企业管理出版社
ENTERPRISE MANAGEMENT PUBLISHING HOUSE

图书在版编目（CIP）数据

王传福：技术智造 / 顾倩妮，张强著. -- 北京:企业管理出版社，2020.1

（改变世界：中国杰出企业家研究系列丛书 / 苏勇主编）

ISBN 978-7-5164-2091-1

Ⅰ. ①王… Ⅱ. ①顾… ②张… Ⅲ. ①王传福—生平事迹②汽车工业—工业企业管理—经验—中国 Ⅳ. ①K825.38②F426.471

中国版本图书馆CIP数据核字(2019)第284470号

书　　名：王传福：技术智造
作　　者：顾倩妮　张　强
责任编辑：张　平　宋可力
书　　号：ISBN 978-7-5164-2091-1
出版发行：企业管理出版社
地　　址：北京市海淀区紫竹院南路17号　　**邮编**：100048
网　　址：http://www.emph.cn
电　　话：编辑部（010）68701638　发行部（010）68701816
电子信箱：qyglcbs@emph.cn
印　　刷：北京亿友数字印刷有限公司
经　　销：新华书店
规　　格：170毫米×230毫米　16开本　14.75印张　174千字
版　　次：2020年1月第1版　　2025年8月第3次印刷
定　　价：58.00元

改变世界
中国杰出企业家研究系列丛书

编委会

丛书总序

在中国现代化进程中，企业家是处于改革开放最前列的一个重要群体。他们率先感受到市场经济大潮和全球化竞争的严峻，以自己的智慧和胆识，带领日益强大的中国企业在世界舞台上一展身手，用自己的思想和行动改变着这个社会，改变着这个世界。

1911 年，管理学发展史上的奠基之作《科学管理原理》（*The Principles of Scientific Management*）出版发行，标志着管理学作为一门学科的诞生，它使得管理从一种简单的实务行为上升为一门科学理论。在此后约 100 年中，管理学领域几乎是西方世界一统天下。以美国管理学者为代表的西方管理学界，创造了诸多管理学理论和方法，为管理学科做出了巨大贡献。这一贡献虽然功不可没，有其一定的历史合理性，但也存在诸多缺陷。因为，管理除了有其科学属性，还具备文化属性。管理思想和行为不仅是一种科学，同时也是一种文化。在多元的世界文化体系中，不能只是一种声音。

管理的文化属性主要体现在两个方面。

第一，管理是一种文化的积累，任何一个国家或组织的管理理论和管理方式，都非凭空产生，都有一个文化延续和发展的过程。当今的任何一种管理思想都有先前文化成果的积淀。

第二，现实组织中采用的任何管理方法或手段，无不受到该组织所赖以存在的社会文化环境影响，因而会留下深刻的社会文化烙印。任何组织都是社会的一个细胞，组织的生存、发展不能脱离社会大环境，再好的管理思想和方法，只有在适合它的社会和文化环境中，才能发挥有效作用。这也充分体现出管理活动和思想有其文化依存性。就这一点而言，任何管理活动都不能忽视文化的作用，不能忽视管理者及组织的文化差异性。

既然我们承认管理是一种文化，管理活动有其客观的文化依存性，管理的有效性要充分考虑管理者和被管理者及所在组织的社会文化情境，那么，我们就既要承认西方管理学思想有其重要的科学性和规范性，在企业发展过程中起着非常重要的作用，呈现出其独特魅力；同时也要认识到，东方社会和组织虽然表现形式不同，但也应当在实践中总结、概括和提炼出自己独特的管理思想。我们应当看到，长期以来，东方社会的企业管理中也一定存在一系列发挥着卓有成效作用的、独特的管理思想。

本丛书的撰写出版正是基于这样一个目的。

2014 年秋，由复旦管理学奖励基金会联合上海第一财经传媒有限公司、复旦大学东方管理研究院，隆重启动了“改变世界：中国杰出企业家管理思想访谈录”项目。项目计划用 5 年时间，访谈 50 位最优秀的中国杰出企业家。这些企业家，在中国 40 年改革开放大潮中，投身于社会主义市场经济的汪洋大海，奋力拼搏，砥砺前行，用自己的智慧、毅力和辛劳，为中国经济和社会发展做出了巨大贡献，同时也产生了丰富的管理思想。

在本项目的实施过程中，我们希望认真了解每一位杰出企业家精彩的管理实践，深入剖析其深邃的管理思想，系统总结其独树一帜的管理理论。项目主要成果有四。一是将每一季访谈企业家的对话实录汇编成书，命名为《改变世界：中国杰出企业家管理思想精粹》，目前已经出版 4 本简体字版，并在中国台湾出版 3 本繁体字版，该书原汁原味地反映企业家的管理理念和思想。二是拍摄、制作并发行企业家电视系列专题片，通过第一财经电视频道及腾讯视频等媒体平台向全社会播出，截至 2019 年年初，已经播出 31 集。三是如今呈现在读者面前的“改变世界：中国杰出企业家研究系列丛书”。我们组建了由全国多所大学管理学教授、博士领衔的多支一对一研究团队。研究团队在访谈之前认真研读相关资料，撰写出企业大事记和对企业家详细的访谈提纲。同时，深入企业调研访谈，认真研读各项素材，并广泛涉猎关于该企业的各种资料，在此基础上与团队合作，反复研究、提炼和聚焦该企业最核心，同时又最具有东方特色的管理思想和智慧，数易其稿，提供给读者一份基于丰富实践和成功经验的具有东方特色管理思想的盛宴，为世界管理学贡献中国智慧。四是我们结合访谈研究，撰写了多篇管理学案例。

王传福：技术智造

诚如生物需要有多样性一样，管理学的发展同样需要多视角的研究。只有打破西方管理学理论一统天下的局面，管理学才能获得健康发展。而经历 40 年改革开放历程的中国企业，也迫切需要在契合中国企业实际的管理学理论引领下，以更加科学和实事求是的态度，认真思考和探讨东西方管理思想的融合，并有效指导企业的管理实践。

中国企业正以其日新月异的新姿态，昂首阔步走向世界经济舞台。愿我们的工作，为中国企业助力，为中国管理学发展助力。

苏　勇

教授　博士生导师　丛书主编

复旦大学东方管理研究院院长

复旦大学管理学院企业管理系主任

2019 年春　于复旦大学

序
技术智造：王传福的理念与精神

比亚迪的奇迹

王传福是中国制造业的传奇人物。1995 年，“学的是电池，研究的也是电池”的王传福创立了比亚迪科技有限公司（以下简称“比亚迪”），开始生产镍镉充电电池。当时的充电电池行业可谓是设备投入巨大、核心技术门槛高的资本密集型产业，为三洋、东芝等一众日本厂商所主导。经过 7 年奋战，比亚迪扳倒“日本军团”，成为电池行业当之无愧的领军企业。2002 年，比亚迪高调登陆港交所主板并获得资本市场的热捧，36 岁的王传福也跻身于当年《福布斯》中国大陆富豪榜第 41 位。2003 年，37 岁的王传福在一片反对声中宣称要以新能源汽车为下半生的追求，闪电并购西安秦川汽车进入汽车行业。短短三年成绩斐然，2005 年推出的“国民轿车”F3 在 2009 年、2010 年连续两年荣登国内单一车型销量排行榜榜首，比亚迪成功转型为以汽车为主业的 IT 制造商，王传福也在 2009 年成为《福布斯》《胡润百富榜》内地富豪排行榜“双料”首富。而后，因汽车生产量扩张过快、过度投资等原因，2010 年比亚迪的发展陷入低谷。王传福临危不乱，宣布“要为错误买单”，比亚迪进入三年调整期。2014 年，比亚迪将战略重心全面转向新能源汽车，2016 年，比亚迪营收过千亿元，新能源汽车销量突破 10 万辆。

2018 年，比亚迪新能源汽车销售 247811 辆，连续第四年荣膺全球新能源汽车销量第一。老对手特斯拉这一年创纪录地卖了 145846 辆 Model 3、99394 辆 Model S 和 Model X，但在最后一季度还是让比亚迪逆转局势，以两千多辆车的优势成功守擂。比亚迪在新能源汽车行业领军地位的巩固，得益于对“技术为王，创新为本”宗旨的一贯坚持。整个 2018 年，比亚迪研发费用接近 50 亿元，研发投入高达 85 亿元。高研发投入成果彰显，再加上“Dragon Face”谱系设计感加持，5 月到 9 月间相继发布的“元 EV360”“新一代唐 DM”“新一代宋”和“秦 Pro”等车型，推动比亚迪的销量大幅提升。比亚迪“新一代唐 DM”“新一代宋 DM”及“秦 DM”车型包揽中国插电式混合动力汽车市场销量前三甲，连同“e5”“元 EV”位列中国新能源汽车年销量前 10 名。比亚迪在新能源汽车市场的高歌猛进使其汽车业务收入同比增长了 34%，总营收同比增长了 23%。

业绩面前，早已无人质疑王传福作为成功技术专家、创业家和企业家的显赫身份。技术专家以挑战未知为己任；创业家让未知的变为已知，并赋予其商业价值；而企业家则要更实际，管它是已知还是未知，不实现商业价值就什么都不是。王传福兼有技术梦想、创业热情和经营理性，但其也有一些不足之处，本书力求通过文字给王传福“不可复制”的商业传奇一个可演绎的解释。

奇人王传福

王传福被冠以“技术狂人”“造车狂人”等名号，频频置于外界和媒体的聚光灯之下。40岁前的王传福是个顺风顺水的“常胜将军”，自打创业就没怎么品尝过失败的挫折感；有敢想敢干、当断则断甚至有些武断的决策风格；有“天不怕、地不怕”“舍我其谁”的英雄气概。类似的、或褒或贬的说法还有很多，罗列下来那会是一个很长的单子，而且这个单子貌似未来还会有所增添。

不同的观察者会看到不一样的王传福。2008年9月，“股神”巴菲特以18亿港元公开认购2.25亿股比亚迪股票，理由是他的“黄金搭档”芒格对王传福赞许有加，“这家伙简直就是爱迪生和韦尔奇的混合体，可以像爱迪生那样解决技术问题，同时又可以像韦尔奇那样解决企业管理上的问题。”十年以后的今天，巴菲特这个崇尚稳中求胜、青睐传统产业的倔强老头仍然对比亚迪情有独钟。2018年2月27日，巴菲特在美国CNBC的访谈中将王传福与亚马逊的杰夫·贝佐斯、精密机件的马克·多尼根以及苹果的蒂姆·库克列为他最欣赏的四位CEO。巴菲特说，“王传福有很多伟大的想法，也很善于将想法变成现实。”巴菲特和芒格对王传福的“定性”是很有见地的。的确，作为企业家的王传福本身就是糅合了各种异质性的矛盾体。在这两位“神级”投资家看来，王传福是一个兼具卓越创造力与经营能力的科学工作者和企业家，因此能够让很多看似不可能的梦想变成可能。

王传福很少回应那些怎么理解都可以的名头，但对于“科学工作者”这个身份却似有几分赞同。从本源上来说，王传福的思维更多的是以“我是学自然科学的”为内核。用科学工作者的眼光看世界的王传福，对于学习极度推崇。在王传福看来，人生之路与事业发展没有本质区别，“人生就像登山，而寻路则是学习的过程，学习笃定、冷静，学习如何从慌乱中找到生机。”所以王传福一样也会慌乱，但他认为自己总是能够找到回归笃定与冷静的方法。早在2003年他入主秦川第一年的一次媒体访谈中，当被问及如何战胜对汽车产品和行业发展规律的陌生感时，王传福说，他在看汽车技术方面的书并在学习如何开汽车，凭借37岁这个黄金年龄优势，他仍然拥有对新领域的强大学习能力，而岁月的磨砺更会赋予其日益成熟的判断决策力，创业以来的种种试错也让他在制定和执行战略时更加谨慎。换言之，“学习能力、判断决策能力和风险管控能力”是王传福认为决定事业成功的能力基础所在。

作为中国制造业从追随走向超越历程的助推者与见证人，王传福的技术创新与经营理念以及具体的做法，是当代中国产业界共同的宝贵财富。让比亚迪立于不败之地的决定因素是王传福的掌控之道。纵观当代中外经营名家，各自管理思想与手法的形成各有千秋，但其锋芒必然见于事业发展的最早期，否则事业起步也不可能；而后经历事业转换、高峰低谷，锋芒渐收、兼收并蓄，趋向平稳抑或平庸。成功的经营背后总有些尚不为人知的道理。有些看重商道的经营大家愿意讲出来，比如孙正义有玄妙不可言明的“道天地将法”，松下幸之助有“自来水哲学”，稻盛和夫有六项精进、阿米巴经营模式。那么，王传福的经营之道是什么，是如何形成的？对于这些问题世人至今不甚明了。

传福经营之道：“技术智造”

王传福的经营之道可以概括为四个字“技、术、智、造”。这四个字可以说是王传福在制造业领域多年摸爬滚打的管理智慧结晶。

所谓“技”

“技术为王，创新为本”是比亚迪的核心经营理念。王传福深知技术不是为产品服务，而是为战略服务的。而这种为战略服务的“技”远远不止是为本公司的战略服务，王传福内心想到的“技”是站在造福国家、造福人民、造福世界这一层面的。纵观比亚迪近几年的发展轨迹可以看出，在迈向中国制造 2025、制造业智能升级大背景下，比亚迪的战略转换成就尤为引人注目：王传福宣布打造以硬件为核心的新能源智能汽车开放平台，以富有比亚迪特色的方式开启了智能网联汽车发展的征程；在企业推进内部市场化、去垂直整合变革；布局“云轨”新能源轨道交通，以“再造一个比亚迪”；而在欧美和日本等发达国家以及“一带一路”沿线国家市场，比亚迪用错位竞争等方式，打造自己全球新能源整体方案提供商的全新角色。新时代之下，技术、产品与产业的组织形式在变，但中国制造的传统精神，内化为王传福等新一代企业家的产业情怀与技术梦想，让中国制造得以厚积薄发。围绕王传福的“技”，本书将深入挖掘王传福眼中的“技”究竟高在哪里，能让制造业的同行学到什么。

所谓“术”

在王传福的定义中，“术”即企业经营战略，是对何种情况下做出何种应对，最终达到何种经营效果这一系列逻辑的抽象化。这种“术”，王传福没有明文总结过，外界更加猜不透王传福的“术”到底怎样，因为其变化实在太快。探究王传福的经营战略是一件富有挑战性的事情，但也因此而变得很有趣。王传福经营方略之“形”变化多端。“一招鲜，吃遍天”绝对不能用来评价比亚迪这些年的发展。1995 年创立的比亚迪，主业从最初的充电电池转换成燃油汽车，然后再转换成新能源汽车；与此同时，主业、副业转换的方式一直都能保持渐进式的稳定，所以比亚迪整体的自我“造血”、自我发展的能力极强，对于外界的依赖性比较小；而这些战略所根植的愿景与理念，恐怕鲜有企业能与之匹敌。从最初的产业报国，到刚并购一家中等规模的国有轿车厂就宣称要成为全球第一的新能源汽车企业，再到新能源汽车尚未实现大规模商用即提出升级版的三大新能源梦想，又提出要打造以硬件为基础的新能源——智能网联汽车研发协作平台理念、“云轨”绿色公共交通理念。当然，这只是王传福专注的“术”的一部分，本书围绕着“术”

探索了王传福各个发展时期的经营策略，以期对企业家有所启示。

所谓“智”

如果说上文阐述的“术”是王传福的经营战略，那么，这种经营战略必然要扎根于更为稳定的基础之上。这个基础就是王传福不断发展的经营理念（比如技术制胜、逆势造局、人本经营、社会贡献等），即“智”。与此同时，在智能互联的大趋势下，王传福的“智”更代表了新一代“智能互联”的智。也就是说，本书中所探究的王传福的“智”，既代表了王传福应于外界环境变化下的“智”，也代表了王传福经营智慧中的“智”。由此，本书的每一章都归纳出王传福想传达给大众的“智”。本书力求还原比亚迪跌宕起伏的发展历程，并从中总结出王传福独特的“智”。

所谓“造”

王传福的“技”“术”“智”，归根到底要落脚到一个点，那就是“造”，即生产出能满足市场需求的产品，这也是制造业的根本和生命所在。所有的技术、战略、智慧都要落实到产品上，那就是“造”。各个时期的造型、声势浩大的造势，归根结底大众能看到的、接受的都是制造的“造”。王传福在各个时期用产品在世界各地带领比亚迪给大众交了一份答卷，这份答卷是否能令人满意，是王传福最为关注的，是比亚迪作为企业得以持续发展的基础。本书不光介绍“技”“术”“智”，对比亚迪各个时期的“造”也进行了充分的解读。读者将能够领会到，王传福是如何凭借他的“造”成就一次又一次的销量神话的。

探本溯源

在本书中，我们的任务是与读者一起去探索王传福如何从并不优厚的初期条件，一步步将比亚迪打造成今日横跨汽车、IT 两大领域的新能源产业中的巨无霸；探索王传福所坚持的梦想、秉持的经营理念以及所采取的经营方略。为了尽可能完整地呈现这一立体而动态的画卷，我们选择以“管理思想与理念—战略共演化”为基本的思路框架。

首先，我们按照比亚迪发展的不同阶段，来剖析王传福的管理思想与理念体系（企业家精神以及其所塑造的外在形象等）如何与当时的内外情境要素相互作用，形成怎样的发展目标并具体化成哪些经营方略，最终达成了怎样的效果。我们将王传福的经营之道精炼为四个字：“技”“术”“智”“造”。

第一章为《化繁为简：“电池大王”的产业情怀》。本章讲述 1995—2002 年这段时间，王传福如何从借贷 250 万元创立比亚迪起步，抓住时机进入镍镉电池行业后迅速成长，并依次进入技术更为先进、应用市场更为宽广的镍氢电池与锂离子电池行业，最终成功在港交所主板上市；市场上“攻城略地”的背后，是王传福独辟蹊径开发出来的“半自动”生产方式与垂直整合，使得比亚迪的产品赢得了“低成本、高品质”的业界口碑；“逆”想天开的模式创新背后，是王传福对自主创造精神的坚持，是其实事求是、以务实的价值观打造核心技术，敢于与国际竞争对手分庭抗礼的智慧和勇气。

第二章为《另辟蹊径："技术狂人"的笃定与新抉择》。本章讲述 2003—2005 这三年里，比亚迪意识到充电电池行业的发展瓶颈之后开始进入汽车行业，在起步阶段所遭遇的困难、所采取的对策和取得的成就。比亚迪同时开始了两个新业务，IT 零部件制造与组装服务业务、汽车业务。对于顺势而为的 IT 制造业务，王传福采取了稳扎稳打的打法，逐步扩大产品与服务种类。对于汽车业务，在加大对新能源汽车核心技术与产品研发投入的同时，抓紧学习与试错，仅用三年时间就推出了"T 型车"F3，让市场刮目相看。其竞争模式不断升级，"成本、技术、效率、品质"四位一体，打造出比亚迪的独特竞争优势。

第三章为《后来居上：顺风满航的比亚迪攻势》。本章讲述 2006—2010 年期间，比亚迪迎来进入汽车行业以后的高速发展阶段。燃油汽车业务平均每年翻一番；电动汽车业务实现了铁电池和双模动力系统两大突破；IT 制造业务虽然整体处于守势，但发展仍较为顺利。

第四章为《事缓则圆：是挫折，更是机遇》。本章讲述 2010—2012 年期间，比亚迪如何为前一阶段的销量增长过快和过度投资而导致的问题"买单"。比亚迪因销售网络出现大规模经销商退网、产品品质管控危机等原因而处于舆论批评的风口浪尖上。面对乱局，王传福坦诚地承认错误，宣布比亚迪进入三年调整期，在公司上下开展了全面的品质整风运动，以赢得用户和合作伙伴满意为宗旨，在企业发展上也重新回到以往的稳健、务实。"走向开放"的变革之局也因此打开。

第五章为《平台再造：打造开放、竞争的硬核生态》。本章讲述走出低谷期的比亚迪，开始全面鏖战新能源汽车战场，继续进行内部变革。比亚迪在新能源汽车市场上全面出击，对组织结构进行改造，以打造开放竞争的新格局。为迎接智能网联这一汽车行业新趋势，推出以比亚迪新能源汽车为依托的开放平台，与IT 业界巨头展开强强合作，向全球中小开发者开放，独辟蹊径，探索价值创造新思路。

其次，我们为读者展现比亚迪如何纵贯不同的时期，因应国内外经营环境之变更新策略，以始终如一的价值观与信念打造自身在国内外的可信赖形象与市场地位。

第六章为《价值至上：比亚迪的政商协作方略》。以充电电池起家的比亚迪，形成了以产业报国情怀追随国家发展战略这一朴素政商关系观。但随着比亚迪进入汽车行业特别是开始逐步转向新能源汽车业务以后，比亚迪开始意识到“政商共识”对于发展新能源汽车业务的重要性。比亚迪没有坐等新能源汽车共识的形成，而是在共识变化与发展的不同阶段根据具体的内外环境，采取各种有效手段来协调与政府间的关系，助力比亚迪参与更多市场竞争。在国外市场上，比亚迪采取的是“高开高打，强势入局”的策略方式，主动对市场所在国家地区的中央、地方政府宣传绿色理念，与产品研发、销售以及生产基地建设等市场策略相互整合，塑造比亚迪全球新能源整体解决方案提供商的角色。

第七章为《步步为营：“比亚迪智造”的国际化之路》。在整体策略上，比亚迪对发达国家市场主推新能源汽车，特别是电动大巴车等，以绿色理念获得认同，在公共服务领域打开市场；树立“技术、市场、品牌”三大核心价值，逐步升级经营策略，走出了与一般中国制造企业不同的发展道路。

最后，盘点 24 年来王传福经营比亚迪的亮点与经验教训。

第八章为《对话未来：敢问路在何方》。本章总结比亚迪的管理经验对中国制造业转型升级的启示，从王传福的“技术梦想＋产业情怀”出发，剖析比亚迪商业模式的创新和技术创新的螺旋式迭代，再探索王传福如何从逆向创新过渡到正向研发，以及在新形势下，比亚迪未来的路在何方。比如，在新能源汽车补贴政策逐渐退出的大趋势下，比亚迪如何保持并扩大自己的竞争优势？在智能网联浪潮趋势下，比亚迪该如何将现有的商业模式迁移到这个平台上去？未来，比亚迪如何继续平衡“技术”与“商业”的关系。相信这些问题，对启发读者的进一步思考会大有裨益。

目　录

第一章

化繁为简：“电池大王”的产业情怀

王传福的商业传奇始于一块电池。作为20世纪90年代以后中国制造业"自力更生，艰苦奋斗"信念再度崛起的标志性人物之一，王传福获得了诸多称号，比如"新能源汽车之父""工程师企业家""技术狂人""汽车狂人"，以及"电池大王"。但渐渐被世人所忘却，意义却格外重要的，恐怕还是非"电池大王"这个称号莫属。王传福于1995年借贷250万元成立比亚迪科技有限公司，开始生产镍镉电池。经过短短七年的发展，比亚迪就成了全球二次充电电池领域当之无愧的领军企业：镍镉电池、镍氢电池、锂电池三大产品的销量分别位居全球第一、第二和第三。2002年7月，比亚迪在市场的一片追捧中于香港主板上市，年方36岁的王传福也以1.5亿美元的身家，荣登福布斯内地富豪榜，排名第41位。王传福这个名字开始为国内外媒体所关注，"电池大王"的称号变得家喻户晓。王传福凭借独辟蹊径的"半自动化"生产线创新和贯穿材料、设备以及制造工艺等充电电池价值链多个环节的垂直整合，打造出了比亚迪产品"低成本、高品质、技术自主"的独特竞争优势，让三洋等日本电池巨头刮目相看。比亚迪秉持"自力更生，艰苦奋斗"的精神，以专业的技术能力与产业情怀，在中国新兴制造业里崭露头角。

从“手工作坊”起步

王传福与电池的缘分要追溯到1987年。那一年，王传福进入北京有色金属研究总院攻读硕士，开始了对电池的研究。1990年王传福硕士毕业以后，留在北京有色金属研究院301室工作，1992年，26岁的王传福被破格提拔为301室副主任。1993年，研究院在深圳成立比格电池有限公司，王传福成为公司总经理。这让王传福有机会接触到市场，练就其管理企业的基本能力。一个偶然的机会，让王传福从一份国际电池行业动态报告中了解到了一个商机，使得他再也沉不住气。出于环保等原因，日本宣布将禁止在本土生产镍镉电池。镍镉电池作为广泛应用于电动工具等的二次充电电池，市场规模巨大，主要为日本企业所把控。日本的这一禁令势必引发镍镉电池生产基地的国际化大转移，王传福意识到，这对于“学的是电池，研究的是电池，做的是电池”的自己来说，创业的机遇来了：利用这个机会进入镍镉电池行业，然后借移动电话、电动玩具等下游行业蓬勃发展之机遇进而进入镍氢、锂离子电池等更广阔的、规模可达几十亿美元之巨的全球充电电池市场。对电池倾注了全部热情、怀着迫切发展梦想的王传福，对自己所擅长的电池领域蕴藏着巨大商机的认识越来越笃定。

时不我待，1995年2月，王传福毅然放弃了优厚的工作待遇及历经五年打拼所取得的一切，注册成立了比亚迪科技有限公司，在深圳郊区的一处破旧厂房里开始了自己的创业生涯。而后王传福在电池产业上取得的成绩可圈可点。在短短几年的时间里，比亚迪以让同行震惊的速度在全球充电电池市场迅速扩大市场份额，让昔日的市场霸主的销量一泻千里，甚至陷入亏损的境地。1996年，比亚迪取代日本三洋公司成为中国台湾地区无绳电话制造商大霸的电池供应商；1997年，比亚迪生产的镍镉电池创下了1.5亿块的销量，世界排名第四，并开始生产镍氢电池；同年，比亚迪生产的镍氢电池销售量达到1900万块，进入世界镍氢电池的前七名；1999年至2000年，比亚迪大客户的名单上开始出现了索尼、松下、GE等世界大公司；2000年，比亚迪锂电池的市场份额上升至世界第四位，镍镉电池是第二位，镍氢电池是第三位，销售额达到13.65亿元，净利润高达2.56亿元。2001年，比亚迪的镍镉电池销量全球排名第一，镍氢电池销量全球排名第二，锂电池销量则排名第三。然而，在这些闪亮成绩的背后，王传福所走的每一步都充满了艰辛。

·创业艰难，首次融资遭遇挫折

回想1995年刚开始创业的时候，王传福认为"缺钱"是最大的难题。比亚迪副总裁吴经胜曾回忆，"当年的现金总是十分匮乏，贷款成为难题。记得当时王总要求我说，一年能贷来300万元就够了。"[①] 当时，香港汇亚集团的董事和执行副总裁王干芝曾经和王传福谈过投资事项。由于初期的比亚迪规模很小，经过双方的协议，汇亚给比亚迪的投资额度是50万美元。虽然王干芝对比亚迪的前景非常有信心，但是由于这笔投资额度太小，汇亚投资委员会并不屑于对其投资，因此，比亚迪失去了这笔投资额度，汇亚也失去了一位相当有潜力的客户。第一次融资的失败给王传福带来了巨大的打击。在这个危难时刻，吕向阳——王传福

① 比亚迪之父王传福：巴菲特看好的人．新华网，2009-11-05.

的表哥挺身而出。作为一位在金融风险投资领域里摸爬滚打多年的金融家，吕向阳最早非常反对表弟王传福下海创业，他苦口婆心地对王传福说：“你和我不一样，你是国家干部，工作稳定，也很有前途，为什么非要冒险下海呢？一个决定错了，就可能全盘皆输，到时你怎么办啊？”王传福决绝地对表哥说：“我是研究电池出身的，也有电池企业的管理经验，我相信自己，你也了解我的能力。至于市场方面，你可以不相信我的判断，但你应该相信电池行业的潜力。”[①] 吕向阳看到了王传福的决心和信心，果断借给了王传福 250 万元。当然，吕向阳除了亲情之外，他和其他投资家一样，也是要以眼光来搏风险，求利润。事实证明，吕向阳对王传福的投资是对的，他很快获得了巨额的回报，比亚迪上市以后股价一路飙升，吕向阳成了大赢家。

·人弃我取，镍镉电池的第一桶金

20 世纪 90 年代中期，日本不再生产镍镉电池，但镍镉电池在市场上有很大的需求量，比亚迪看准了这一机会迅速起家。刚创业的时候，比亚迪只有二十多名员工。王传福亲自带领大家在深圳莲塘的旧车间里面组建人力流水线，自行研发设备。日本的日产 4000 块镍镉电池的生产线，光进口设备就需要上千万元，王传福自建的半自动化生产线成本只要几百万元，造出了优质、低价的镍镉电池，其成本比日本厂商低 40%。解决了电池的生产问题后，电池的销售问题又成了比亚迪的头等大事。王传福选择“取巧”的方式：将电池送给台湾最大的无绳电话制造商大霸试用。恰好当时大霸也想降低成本。在试用了比亚迪的电池之后，大霸发现比亚迪的电池价格便宜、质量好，于是果断抛弃三洋，向比亚迪抛出了橄

① 巴菲特为什么看中王传福．王静，江苏人民出版社，2010-05-01.

榄枝。自那以后，比亚迪的电池市场正式打开。王传福仅仅用了三年时间，就在镍镉电池市场抢占了全球近 40% 的市场份额，比亚迪逐渐成为镍镉电池领域当之无愧的老大。在手机、照相机等设备中，镍镉电池的应用极为广泛，它的优点很明显：大电流放电、充放电能力强、维护简单。但它的缺点也很明显：每次充电之前都要把电池的电量放干净。如果没有放干净余电，电池容量会逐渐降低，最终电池的寿命会受到很大影响。在镍镉电池领域站稳脚跟后，王传福又开始了镍氢电池的研发并迅速攻克了技术与工艺难关。从 1997 年开始，比亚迪就开始大批量生产镍氢电池，当年实现销售收入近 1 亿元。当时，恰逢东南亚金融危机，大部分产品都需要出口的比亚迪遭遇了困难。这时，吕向阳再次向表弟王传福伸出援手，通过其公司广州融捷投资管理集团又给王传福投资 1660 万元，比亚迪的注册资金从 450 万元扩大到 3000 万元。1997 年比亚迪公司的镍氢电池销售量达到 1900 万块，一举进入世界前 7 名。

独辟蹊径，形成独特竞争优势

·“半自动”生产方式与垂直整合

由于镍镉电池和镍氢电池对环境产生污染的问题，从1997年开始，王传福开始转向研发当时只有日本企业才能够生产的锂离子电池。锂电池不含镍、铅、汞等重金属，对环境无污染。当时，美国、法国等科技大国都没能解决锂电池的研发问题，这项技术由日本企业牢牢把控。由于日本企业掌握这一产业的主要核心技术，因此他们将进入门槛抬得很高，仅一间配备全自动化设备、全干燥的锂电池工作室就对外要价十几亿元，这让比亚迪只能望洋兴叹。王传福暗下决心，买不起我自己研发！他创造性地对锂电池的生产过程进行创新。功夫不负有心人，最终，王传福成功在中国人自建的生产线上生产出了锂离子电池。王传福是如何做到的？他发明了一种半自动化生产线，后来被他总结为“人 + 夹具 = 机器手”的模式，这样的生产方式大大降低了锂离子电池的生产成本。因为比亚迪的固定投资仅为日本同类企业的1/15至1/10，所以产品的价格轻松地就能做到比竞争对手低40%。

王传福对待日本锂离子电池的态度是研究、拆解、改造、创新。他用自己的方式组建适合自己的半自动化流水线，买不起机器设备就用人工代替机器，没有钱建造干燥室，就以在车间添加吸水药剂的方式替代干燥室。起初，日本企业对于王传福的做法是完全不屑一顾的，他们认为王传福自己发明的价格低廉的流水线根本不可能制造出高质量的锂电池，但王传福用高质量的产品给了日本竞争对手一个满意的答复。当日本企业对比亚迪造的锂离子电池进行性能测试后，他们完全傻了眼，对比亚迪的锂离子电池由不屑变为恐慌。因为比亚迪制造的锂离子电池的各项指标稳定，意味着产品设计以及工艺流程已经成熟，而价格却要比"日本造"低得多。

比亚迪的锂离子电池技术自有、工艺成熟、成本又低，再加上因金融风暴等原因，锂离子电池的价格在国际市场呈下探趋势，使得比亚迪占尽优势。对此，王传福在后来接受《财经》记者采访时仍津津乐道：

"我们以人力为主的自创生产线，具有很大的灵活性，当一个新产品推出的时候，原有的生产线只需做关键环节的调整，对员工做相应的技术培训即可。但是日本厂商的全自动化生产线，每一条线只能针对一种产品，如果要推出新品，则必须投建新的生产线，投资少则几千万元，多则几亿元。因此，比亚迪在产品种类上就占了先。即使是在金融风暴或'9·11'之后，全球电池产品价格下跌幅度在20%到40%之间，很多日本厂商盈亏线吃紧，而比亚迪的销量增长却高达90%，很多原来日本厂商的订单转到我们手中，我们打的就是性价比优势之战。这种成本控制对那些设备要求越高、投入越多的产业，就越有优势。"①

·"低成本、高品质"开疆拓土

在2000年的时候，王传福决定争取摩托罗拉的订单。当时，摩托罗拉在手机业务上的发展势头迅猛，引起了全球手机第一巨头诺基亚的提防。在这种情况下，摩托罗拉自然就需要更多的零部件供应厂商。比亚迪为了能够从日本电池制造巨

① 王传福的万亿云轨梦：是黄粱一梦 还是能美梦成真．财经杂志，2018-03-16.

头松下以及东芝手里夺取摩托罗拉这个发展得如日中天的大客户，专门成立了一个摩托罗拉服务小组，为他们准备材料与样品，以及需要测试的各项设备等。为了应对摩托罗拉随时可能提出的各种问题，小组成员经常会加班到深夜。王传福也不例外，每次都亲自参与其中。无论时间多晚，他都会准时参加会议。甚至有时候工作太晚，他就干脆住在办公室。经过不断努力，比亚迪终于在 2000 年 11 月通过了摩托罗拉的审核。第一笔订单——为摩托罗拉代工 20 万块手机电池终于如愿以偿拿到手。但这笔订单仅仅只是一个开始：到了 2002 年，通过不断地深化合作，王传福已经得到了摩托罗拉在全球约 30%~40% 的手机电池业务。在两年的合作中，王传福与摩托罗拉的首席执行官克里斯托夫成了好朋友，克里斯托夫称王传福是“制造中国传奇的小伙子”。继摩托罗拉以后，爱立信也转单给比亚迪，波导和 TCL 等国产手机厂商也开始选择王传福作为战略伙伴。于是，比亚迪一跃而成为继三洋之后全球第二大电池供应商，占据了全球近 15% 的市场。比亚迪凭借自身的努力，打破了东芝、松下、索尼等“日本军团”的垄断，打开了市场。2001 年，比亚迪锂电池的市场销量在世界排名第四位，紧跟三洋、索尼和松下之后。2002 年，比亚迪的销售收入达到 25 亿元，利润 6.58 亿元。王传福也于当年晋身《福布斯》中国内地富豪榜第 41 位，“比亚迪电池王国”已然建立。

高举技术自主大旗，对战国际公司

20 世纪 90 年代初，充电电池市场几乎是日本厂商的天下，以三洋为首的日本厂商占据着全球近 90% 的电池市场。从 1995 年比亚迪成立开始到 1997 年，比亚迪公司的镍镉电池销售量就已经达到 1.5 亿块，排名跃居世界第四。但镍镉电池毕竟是日本厂商为图产业升级所"自愿"放弃的市场细分领域，因此，对于比亚迪在镍镉电池市场上的"攻城略地"，日本厂商并未过多注意。但随着比亚迪迅速攻克镍氢电池技术，以及日本厂商视为自家自留地的锂电池技术，三洋、索尼等日本电池巨头就再也坐不住了。对于日本厂商来说，最要命的是比亚迪的锂电池在质量上并不落后于日本厂商，但在成本上却有极大的优势。日本厂商采用的是全自动化生产工序，一条流水线的设备动辄七八千万元，甚至上亿元。而他们的对手比亚迪，借助独创的"人工 + 设备"的半自动化生产模式以及对材料、工艺的出色攻关，可以轻松地把锂电池的成本压低到日本生产锂电池成本的 60%~70%。

比亚迪所生产的锂电池在品质上和日本的没差距，但在价格上却大有优势，如果不采取应对措施，那么日本厂商最终只能关门大吉。于是，在比亚迪乘势大举进军全球电池市场的过程中，三洋、索尼等日本电池巨头再也沉不住气了。比亚迪的异军突起，使中日企业间的竞争日益白热化，也把比亚迪推到了风口浪尖上。首先发难的，是日本的三洋。

· 逼和三洋

三洋的另一个大客户——美国最大的电动工具生产商百得，也被王传福给挖走了，王传福由此放话，"我们将取代三洋，成为电池产业的全球老大"。从 1998 年到 2000 年，比亚迪先后成立了欧洲分公司和美国分公司。随之，比亚迪的大客户名单上就出现了美国通用电气公司、美国电话电报公司等。凭借巨大的成本优势，比亚迪先后拿下中国台湾的大霸等厂商的大额订单。之后，比亚迪又先后与摩托罗拉、诺基亚、爱立信以及国内新兴的手机厂商达成合作，使得比亚迪一跃成为与三洋、索尼比肩的全球第三大电池供应商。

百富勤的一份研究报告表明，当时三洋每块锂电池的生产成本高达 4.9 美元，而比亚迪的成本只需 1.3 美元，在性能上更有优势，比如安全性。2009 年，王传福说，比亚迪生产的锂离子电池在全球是最安全的，从来没有发生过一起因为安全问题而进行的产品召回事件。而日本、韩国的电池生产企业都有过产品召回事件。[①] 在比亚迪的攻势下，市场份额日益缩小、增长放缓的日本三洋，为求脱离锂电池业绩受压的泥沼，终于在 2002 年比亚迪上市之后，发起了对比亚迪的专利战。2002 年 9 月 23 日，三洋电机通过旗下 Sanyo Energy（USA）Corporation 在美国起诉比亚迪及其美国子公司，指控比亚迪侵害三洋专利，要求比亚迪赔偿损失，并要求禁止进口及销售比亚迪锂电池。

2002 年 10 月，比亚迪发出公告，确认受到日本三洋公司侵权的申诉并会积极抗辩。2002 年 12 月 12 日，比亚迪在美国应诉，提出并未侵犯三洋专利，并提出了反索赔。三洋起诉比亚迪的主要目的是想利用专利打压发展势头迅猛的比亚迪，是当时日本企业与发展中的中国企业在电池行业激烈竞争的一个缩影。为了降低成本，日本电池厂商也尝试了转移制造基地等方法，但全自动化的制造工艺没法变，结果产品成本的下降空间还是非常有限。价格战打不赢，为了维护自身的霸主地位，日本厂商只得依靠专利武器来打击中国对手。

但是，三洋低估了比亚迪斗争的决心和底气。王传福那种不找事但也不怕事

① 王传福：技术高度折射企业长度．新浪财经，2009-01-21.

的性格，硬是和三洋顶到了 2005 年。历时两年多，这场专利诉讼最终以和解落幕。2005 年 2 月 16 日，比亚迪再一次发布公告，称与日本三洋电机公司就两项锂离子电池专利的法律诉讼达成和解协议，比亚迪将向三洋公司支付不高于 300 万美元的补偿。和解的主要原因在于专利官司涉及专利有效性、有效期、有效范围等，一般专利差异率在 30% 以上就无效，比亚迪在三洋所谓的专利方面没有明显的抄袭痕迹，三洋在取证方面遇到了空前的困难。在诉讼期间，比亚迪在锂离子电池技术方面也拥有了多项专利和自有技术。因此，虽然比亚迪和三洋公司的诉讼以和解落幕，但这不过是一时之势，其后比亚迪与日本厂商在电池行业的竞争愈加激烈。比亚迪给日本企业上了一课：中国企业并不注定只能做最低端的业务，比亚迪赢得了"中国创造"的尊严。

·再战索尼

一波未平，一波又起。日本企业不停地向比亚迪发出挑战。2003 年 7 月，索尼向日本东京地方裁判所（东京地方法院）递交起诉状，指控比亚迪公司侵犯索尼公司两项日本锂离子充电电池专利：特许第 2646657 号、特许第 2701347 号。2003 年 8 月 26 日，日本东京地方裁判所向比亚迪发出起诉状。当时，一直经历并参与此案的比亚迪知识产权及法律部经理黄章辉表示，比亚迪如果不应诉，或败诉的话，将影响比亚迪的持续增长，并影响比亚迪的形象。在拿到起诉状的第一时间，王传福就召集多位副总裁以及知识产权部经理召开紧急会议，积极应对诉讼，并做出明确的战略部署。2003 年 10 月 8 日，黄章辉带领四人组律师团向东京地方裁判所递交答辩书以及相关的证据 38 份，明确否认比亚迪侵犯索尼的专利权。四人组律师团经过了慎重讨论，决定采用将索尼的专利无效掉的办法。日本《专利法》中规定的一个程序是，如果可以把索尼的专利无效掉，比亚迪就不存在侵权的问题了。

2005年，比亚迪汽车销售总经理夏治冰在接受《第一财经日报》采访时表示：“针对2646657专利的无效追诉，起初，光是证据文件我们便提交了38份，另外还有3份重要材料。但索尼的证据仅3份，且没有任何令人信服的理由。”[①] 由于比亚迪方面的坚持，终于在2005年1月，日本特许厅宣告，索尼第2646657号专利无效。但索尼公司岂能善罢甘休？2005年3月2日，索尼公司向日本知识产权高等裁判所提出上诉，请求撤销日本特许厅裁定，维持第2646657号专利有效。针对索尼的第二次上诉，日本知识产权高等裁判所做出判决，维持日本特许厅之前做出的“索尼第2646657号专利无效”的裁定。至此，索尼对比亚迪的指控已经失去基础，2005年12月2日，索尼被迫撤诉。

黄章辉律师在接受《中国经营报》采访时分析道：“企业技术创新首先要学会规避壁垒性技术。壁垒性技术往往都是把壁垒设定在一定的范围之内，超出这个范围不属于专利壁垒之内。就拿索尼起诉比亚迪侵权一案来说，索尼的专利是要求电池液容量在0.4毫升之上，比亚迪就将电池液容量控制在0.4毫升以内；索尼的专利技术要求电池极片厚度在80~250微米，比亚迪所研制出来的电池厚度就在这个限制之外。这两点就足以说明侵权不能成立。只要企业在原有的专利技术之上新研发的技术可以达到竞争对手的质量要求，甚至更好，并被市场所接受，这就是技术上的突破，是自行研制的技术创新。”[②]

① 两年拉力诉讼 比亚迪拖败索尼．第一财经日报，2005-12-01.

② 索尼起诉比亚迪 偷鸡不成反蚀米——比亚迪反诉索尼专利无效案启示．知识产权出版社，2010年1月．

这场索尼公司与比亚迪公司的专利战历时整整三年，比亚迪代表中国企业首次打赢境外知识产权官司。王传福的胜利给所有的中国企业一个启示：面对世界级巨头的强势压迫，要敢于"叫板"。当然，敢于叫板的基础是你要有足够的实力和智慧。王传福不但重视在技术领域的自主研发，而且还将技术的知识产权保护工作做得相当到位，这就是比亚迪应对跨国专利官司的利器，手持利器的比亚迪才敢向跨国企业说"不"。在对日本索尼的诉讼案中，比亚迪胜诉，其经验值得其他中国企业借鉴。

"电池大王"的技术自信与产业情怀

王传福的制造业之路起步于20世纪90年代中期。他以新一代"学院派、技术型"企业家的形象，既有国有科研机构的铮铮铁骨与硬气，又有在市场经济大潮中摸爬滚打练就的务实与变通精神，向世人证明了只有敢于高举技术自主的大旗，不畏国外厂商的所谓技术权威，才能够在市场上主动出击，展现出中国制造企业的气势。

·打破对技术的恐惧：专利技术就是"纸老虎"

时至今日，仍然有不少中国企业家出于对技术的恐惧，放弃对掌握核心技术的挑战，心甘情愿地让自己的企业沦为"打工仔"。在王传福身上却找不到一点对技术恐惧的影子，甚至整个比亚迪公司似乎对技术上的恐惧都没有什么概念。从零开始涉足电池业，王传福充分发挥了自己的大无畏精神。王传福之所以敢于面对对技术的恐惧，是因为他本身就是一个技术工程师，是人们眼中的“技术疯子”。在创业之初，技术出身的王传福把目光投向了技术含量高、利润最丰厚的充电电池核心部件——电芯的生产。对于技术难关，他会用一种工程师的态度来仔细钻研，而不是交给下属。这便在一定程度上压制了公司对技术的恐惧，从而使比亚迪能够建立起自己的核心技术。不仅是王传福，在比亚迪内部也渐渐地形成了这样一种氛围：工程师在面对技术难题时，不再对技术产生恐惧，每当遇到技术难题时，大家都会主动请缨，主动解决技术难题。于是，对于技术的恐惧问题就不存在了，而且比亚迪也因此拥有了大批关键核心技术。

外界都说，比亚迪是从复制、模仿起步的，电池模仿日本三洋，后来的手机配件模仿富士康，汽车模仿丰田、本田，以致不断有国际企业将比亚迪告上法庭，企图用专利来击倒王传福。但是，王传福对此却嗤之以鼻，在几起诉讼案中，比亚迪都是以胜利告终。学自然科学出身的王传福，素来对“专利霸权一说”具有免疫力：专利不过是“纸老虎”，一捅就破。对于王传福来说，专利是死的，既可以绕过去，也可以加以改变，更何况专利不过是技术知识体系的一小部分而已。比亚迪确实是在复制和模仿，比如模仿日本电池厂商的全自动化流水线。但比亚迪的模仿是创造性的模仿，比亚迪从材料、工艺到设备所做出的自主创新，最后反倒成了竞争对手争相模仿、抄袭的对象。

腰杆硬的王传福建议其他的中国制造企业也要“放弃幻想，腰杆直起来”。正如在索尼诉讼案之后，比亚迪得出的经验教训：首先企业不仅要重视技术上的自主研发，同时还要做好本身的知识产权保护工作；其次，要站在全球角度看问题，据理力争，勿轻易言败，千万不要怕麻烦或怕资金不足而轻易和解。因为就算你做出善意的让步，积极和解，但是外国人反而会觉得你做了亏心事。而积极应诉，一来可以正面地维护企业利益，二来可以为中国企业争口气。中国企业在国外开拓市场时应该直起腰杆，寸土必争，不能丧失民族气节。

比亚迪已经与摩托罗拉、诺基亚等世界顶级公司合作了多年，对方也总是派出大量的工程师到比亚迪来进行指导，以便能够对每一道工序实现最严格的把关。对于比亚迪来说，已经受够了这样的生产方式，于是比亚迪就开始斥巨资去买"专家的脑袋"——请大批的技术专家作为带头人，从而带领技术新人一起搞研发。这样一来，比亚迪不仅培养出了自己的技术队伍，又拥有了自主知识产权。王传福曾说："众所周知，对品质最根本的控制就是在设计环节上，如果前期设计不好，制造再好也会出问题。"这便要求比亚迪要有技术过硬的人才。王传福意识到，企业的发展离不开技术，技术的创新离不开人才。企业要有意识地培养自己的人才，而不是一味地使用别人的人才。

·"小米加步枪"："比亚迪智造"的原始状态

在王传福创业初期，比亚迪的员工只有二十多人。王传福说："自己动手生产设备，把生产线分解成一个个可以由人工完成的工序。没钱，难道还没有人吗？"有人说这是"半自动化加人工"，也有人说是"小米加步枪"。从镍镉电池到镍氢电池、锂电池乃至以后的汽车、IT 零配件，王传福将这种"制造秘诀"运用到了极致。在一些发达国家，如欧美、日本，工业化就意味着人少、机器多。但是在比亚迪，运用的却是最具中国特色的"人海战术"。比亚迪的这种制造模式不仅降低了生产成本，还在一定程度上使技术创新和工艺改进融入生产的各个环节。至少在造电池这件事上就足以证明"小米加步枪"的方式和全自动化生产模式不相上下，而且还避免了因产品不合格导致的召回问题，不仅可靠，而且灵活。正是这种“小米加步枪”的做法，使比亚迪一步步走向了世界电池业的前端，也令对手对其刮目相看。

· 严格的质量把控：“1% 的不良 =100% 的不良”

1996 年 2 月，比亚迪率先通过了 ISO9000 认证，1998 年通过 IS09001 认证，2000 年通过 QS9000 认证和 ISO14000 认证。一系列先进的质量管理体系保障着其产品品质的不断提升，实现了比亚迪电池产销量的连年翻番。1992 年，索尼成功开发的锂电池在给人们生活带来方便的同时，也对人们的安全造成了威胁，因为电池中所含的汞易受热爆炸。16 年后，比亚迪成了“全球唯一一家没有召回过锂电池的生产商”。比亚迪生产的电池不仅不会爆炸，而且还具有成本低、可循环充电延长使用寿命、环保不需要回收等特点。这样的突出优势使比亚迪成了电池业的宠儿。比亚迪的锂电池，唯一的短板是由多个电池串联而成，这对质量和工艺有极高的要求。比亚迪生产的电池在国家测试中从来都是一次性通过，绝对不会出现第二次测试的事。正如王传福所说的：“有 1% 的不良就是 100% 的不良。”对于任何一家电池生产商来说，必须拥有一年造几亿块电池的经验，才有可能将不良电池率控制在 1% 的范围内。但是比亚迪仅用了几年时间就做到了，甚至领先于世界上其他生产商，不得不说这就是严格把控质量的结果。正是这种高标准才使比亚迪能够迅速成为业界的霸主。

应该说，初入商海，王传福就在电池产业上取得了不凡的成绩。在“技”上，他从简入深，先后掌握了镍镉电池、镍氢电池、锂离子电池的关键技术，这些都是日后比亚迪进军新能源汽车的立命之本。在“术”上，王传福“小米加步枪”

式的工业模式是其在制造工艺上的创新，使比亚迪能够促进企业发展，重构世界充电电池产业新格局。从这一点来说，比亚迪是有战略导向的企业，而王传福也是对充电电池这个强手林立的产业的发展态势有独到判断的战略家。而在“智”上，即在管理理念和价值观上，王传福对于“技术自主”的执着成为比亚迪迈向更为复杂多变新领域的指引。2003 年，37 岁的王传福再度来了个华丽转身，大张旗鼓地进入了 IT 零部件制造和汽车制造这两个新领域。

第二章

另辟蹊径："技术狂人"的笃定与新抉择

商场犹如战场，竞争上有得有失、有进有退是常态；但若想常赢，前瞻判断和对时机的准确选择则是最重要的因素。2002 年 7 月，比亚迪登陆香港股市，同年实现销售收入 23 亿元，在充电电池行业中的发展势如破竹并筹划进入手机零部件、汽车领域，36 岁的王传福在福布斯内地富豪榜上位列第 41 名；2010 年，比亚迪充电电池销量全球排名第一，汽车销量国内排名第六，手机零部件和组装业务营业收入超过两百亿元，王传福荣登福布斯、胡润内地富豪榜榜首；2016 年，比亚迪营业收入冲破千亿元大关，业务横跨汽车、IT 两大板块，并成为全球新能源汽车销量两连冠。王传福何以能够"长袖善舞"，让比亚迪几经角色转换，都能最终达到预期目标？2018 年年末，在比亚迪即将第四次问鼎全球新能源汽车销量冠军之际，王传福再次谈到了对成功把握战略时机的心得：市场已经到来的时候再去进入，那么市场肯定已经满了；市场还没来的时候就去投资，又很容易变成"先驱"。在别人还没看好时，一旦你认为有成功的可能，就默默地坚持去做这件事情。只有这样才能抓住时机。所以，要真正解码时至今日王传福何以能取得如此辉煌的成就，不妨回顾一下比亚迪在 2003 年的一系列举措。那一年，比亚迪并购了陕西秦川汽车，正式进入汽车制造产业；同时，开始横向发展，涉足手机零部件业务，进入 IT 制造领域。

2005 年是个重要的转折点：在这一年，"国民轿车"F3 横空出世，手机业务几经摸索后也进入了高速发展期。欲探秘王传福的经营之道，从 2003 年入主秦川到 2005 年的这三年不能略过。这是比亚迪从“电池”到“电池 + 手机 + 汽车”的转折期，也是比亚迪电动汽车业务的起步期。在这短短三年里，王传福的发展策略是亦明亦暗。一方面，通过集成式研发、新人海战术等策略，打造出可以与国内主要车企一决胜负的明星燃油车型 F3；另一方面，对电动汽车的电池、电控以及整车核心技术进行密集攻关，为量产电动车型的尽早推出做足准备，同时在充电电池、IT 零部件领域顺势而为，尽力扩大市场份额和销量。也就是在这三年，王传福的独特经营哲学日渐完善完整，并发挥了惊人的威力。

未雨绸缪，布局下一个十年

·居安思危

随着比亚迪在电池业名声的扩大，越来越多的投资者看到了其中的商机，于是纷纷投资电池制造。比亚迪之所以能够在电池业打败日本的企业，主要还是依赖于自己过硬的技术和低廉的成本。对于中国企业来说，完全可以复制比亚迪的发展模式，然后再与其竞争。但是这样一来，就会使比亚迪遭受巨大的损失。“电池业门槛太低，成功以后，很容易引来其他投资者同自己竞争。”王传福准确地判断了当时的局势。随着电池业的过度竞争，几年时间下来，充电电池的价格下调了 10%。

2001 年，比亚迪的镍镉电池生产量名列世界第二，镍氢电池生产量名列世界第三，锂电池生产量名列世界第四。比亚迪成为世界上第二大手机电池制造商，王传福则成为中国名副其实的"电池大王"。面对即将到来的发展瓶颈，这时，王传福开始筹划公司转型。2002 年，比亚迪在香港主板成功上市。

· 初探资本市场

早期，王传福对上市是排斥的，公司的财务状况良好，现金流充足。但出于充电电池业务增长将要遭遇天花板，以及对锂电池在市场应用前景的预期等原因，最终，王传福决定将上市付诸实施。2002 年 7 月，比亚迪在港交所主板上市，股票代码 1211.HK，发行价格为每股港币 10.95 元，为当时 H 股股票最高发行价，融资 16.37 亿港元，成为当年资本市场上的亮点。当年年销售收入 25 亿元，利润则达到 6.58 亿元。此时员工规模已经较创办时增加了 1000 倍，超过了两万人。比亚迪被《亚洲货币杂志》评为"中国最佳管理新上市企业"。

从 1999 年到 2000 年，王传福一直考虑上市的事情，他认为不应该急于引入股权投资或者上市。王传福认为比亚迪还不够大、不够强，同时对于资本市场的运作也不够了解。既然并不急于上市，所以王传福一直在等，直到 2002 年他觉得时机成熟才真正着手准备上市。2002 年的 7 月，对于全球的投资者来说，并不是一个可以乐观的时刻，国际市场上道 · 琼斯指数下降了 20%，中国香港股市上中银香港、长江生命都跌破了发行价，但是就在这样的背景之下比亚迪上市了。王传福表示自己当时也很紧张。王传福在面对中央电视台《对话》节目采访时说："不瞒你说，我们都很紧张，那时候经济确实太差，人家都不敢碰股票，我们还要卖股票。"

2002 年 7 月 11 日至 25 日在百富勤的支持下，比亚迪进行了环球路演，比亚迪路演团当时跑了中国香港、新加坡、米兰、伦敦、爱丁堡、波士顿、纽约等十余个城市，会见了大约六百位基金经理。王传福回忆说："从早餐会开始，我们就展开路演。百富勤还特意安排我们与一些大基金经理进行面对面的对话。"

比亚迪成功在中国香港上市，让王传福第一次尝到了拥抱国际资本的甜头，2003 年，他在接受《深圳商报》记者采访时说："去年，我们以 10.95 元的高价在香港主板发行成功，募资 16 亿港元。我们开始两条腿走路，在产品经营之外进行资本经营。我们可以更自由地去兼并，去收购。但在今年内我们不会进行新的投资和收购。我最大的收获不是成功募资 16 亿港元，而是认识了一批国际投资基金经理，开阔了视野。"①

作为比亚迪的核心创始人，王传福在比亚迪股份的持股比例仅为 28%，而比亚迪其他 34 位高级管理人员获得了高达 22% 的股份。比亚迪的上市也使比亚迪成为千万级"富豪员工"的根据地。对员工持股非常慷慨的王传福对于外来参股方却十分谨慎。王传福认为争取长线投资者才是比亚迪的目标，比亚迪不需要炒家。

说王传福具有战略投资眼光一点都不为过，比亚迪在香港上市，融资近两亿美元，创造了一个内地企业在香港上市的神话。在成功融资的同时，王传福还获得了更加宝贵的国际资源。

·"顺理成章"进入 IT 制造业

2003 年，比亚迪正式进入了两个新的领域——手机零部件制造业和汽车制造业。毕竟比亚迪已经是上市公司了，单从资本市场的反应来看，公众对王传福的第一个决策赞许有加。人们之所以对比亚迪开展 IT 制造业务表现得异常平静，直接原因是这个计划实际上已经在 2002 年上市之前的招股说明书里面有了充分的论

① 比亚迪董事长王传福：从电池大王到汽车大王 . 深圳商报，2003-03-19.

证，而且得到了普遍认可——高开的股票发行价是最好的证明。

在招股说明书里，比亚迪规划了未来将一边继续扩大电池业务规模，一边实施多元化战略，进入其他领域。而且比亚迪的这个多元化中规中矩、合情合理：第一，新业务要与电池业务有关联；第二，新业务所处行业整体要处于高增长阶段。按照这个标准，比亚迪列出了 2002 年以后准备要开展的五个项目：（1）扩大充电电池产能，研发与锂离子电池及锂聚合物电池有关的产品；（2）开发、制造可用于制造锂离子电池的化合物；（3）研发、制造电动汽车所用的二次充电电池；（4）研发、制造燃料电池及太阳能电池；（5）研发、制造移动电话显示屏产品（包括单色和彩色的 STN 液晶显示屏及模块）。

比亚迪要进行多元化的理由也很充分。首先是充电电池国际市场环境和产业结构使然。比亚迪涉及的二次充电电池市场，细分市场是可以按照产品应用场景来区分的。应用于"传统"用途（比如电动工具、玩具、消费电子产品等）的镍镉、镍氢电池、锂离子电池的全球市场规模，王传福估计是在 30 亿 ~50 亿美元。在这个 30 亿 ~50 亿美元的盘子里，比亚迪在 2002 年市场占有率已经是全球之首了，未来可以让比亚迪继续增长的空间有限。其次是比亚迪在二次充电电池领域多年"高速度、高毛利"的发展。2003 年以前比亚迪的业绩除了在 1997 年和 2001 年是以 70% 的速度增长外，其他年份都是以 100% 的速度增长，客观上产生了多达十几亿元的资金盈余闲置在账户上，不用等于浪费。

进入 IT 制造领域，以制造手机显示屏等开始相关业务，显然符合上面的两个理由。而且对于招股说明书上的第五条，比亚迪披露说在上市前既已着手准备。比亚迪的 STN 液晶显示屏发展计划将在两年内分阶段进行。比亚迪已与一家日本生产商签订协议，拟斥资10亿日元（6980万元人民币）收购一条STN液晶显示屏生产线，并已支付10%订金。生产线最迟于2002年8月交付给比亚迪，因此，比亚迪可以从2003年开始量产STN液晶显示屏。比亚迪强调进入STN液晶显示屏将有利于发挥比亚迪的两个优势。第一，利用现有的客户基础形成协同效应。像摩托罗拉、京瓷、飞利浦等充电电池客户同样对STN液晶显示屏等手机零部件有巨大需求，且他们已形成对比亚迪成本、品质管控体系的信任；第二，STN液晶显示屏制造同样属于劳动密集型行业，这样一来，比亚迪独创的“人工＋设备”半自动化生产方式可以发挥巨大优势。

进入手机零部件制造业务，也与王传福做事低调、稳扎稳打的风格密切相关。如同在充电电池业务上先从低风险的镍镉电池开始，然后逐步进入技术要求更高的镍氢电池和锂离子电池一样，比亚迪的IT制造业务在产品门类上也是逐步扩大，不搞过度投资。比亚迪从2003年开始进行手机STN液晶显示屏、塑胶外壳、模具业务，而后逐步扩大至包含键盘、镜头模块、柔性线路板等手机零部件在内的一站式供应服务，并顺理成章地从2005年开始为客户提供手机等成品组装服务。慢慢扩张的产品策略使比亚迪能够始终确保成本与品质并获得客户的信任，也获得不断增加的订单，以及吸引更多客户。比如2005年，比亚迪终于赢得了诺基亚的青睐，使比亚迪的手机零部件与组装服务业务开始进入快车道。2003年，IT制造业务收入1.67亿元，占比亚迪总营收不足5%，2005年，IT制造业务收入超过19亿元，占总营收的比率升至29%。2006年IT制造业务收入进一步增长至52亿元，占总营收的比率达到40%，而后这个营收占比大体保持了稳定，直到今天。

在IT制造领域，比亚迪走了一条看似普通但却能够带来实实在在收益的发展道路。在充电电池战场上打出来的制造经验，比亚迪得以快速赢得摩托罗拉等新老客户的青睐，将充电电池业务与手机代工业务之间的潜在协同效应发挥到最大。比亚迪的 IT 制造业务依然为人们所青睐。在开始为诺基亚等全球客户提供"一站式手机部件供应"服务后，比亚迪将旗下除手机液晶屏以外的其他手机零部件与组装业务分拆至子公司比亚迪电子国际有限公司，于 2007 年 12 月 20 日在香港联交所主板上市，募集资金 59 亿港元。IT 制造业务，为比亚迪降低运营风险、开拓汽车业务提供了长期而稳定的支撑。

"疯狂"的造车梦想：用电池来改变汽车

相比之下，外界对王传福的第二个决策也就是进入汽车行业，就基本是一边倒的质疑、不解乃至反对了。以借贷而来的几百万元资金起家，一路如履薄冰，几经磨难将比亚迪发展成充电电池领军企业的王传福，何尝不知道这个选择所隐藏的风险？但王传福选择冒这个风险有他的理由。长期追踪电池应用场景的他敏锐地发现，电动汽车在经过美日车企几番推动之下，正在快速接近商用阶段，而限制电动汽车正式投入商用的是电池。电动汽车的电池使用量巨大，在整车成本中，电池将占据相当大的比重。尽管如此，比亚迪仍然有另外的选择，并不一定要自己造汽车。比亚迪也可以集中于做车用动力电池，然后静待电动汽车市场成熟起来，为车企做配套就可以。这样发展下去，比亚迪成为全球动力电池领军企业也是有可能的。

但王传福还是选择了立即进入汽车行业。王传福是这样解释的："因为未来电动汽车市场巨大，所以做电池的比亚迪要进入汽车行业；为了掌握造汽车的核心技术和积累电动汽车研发资金，我们要先从传统燃油汽车做起。"至于为什么电动汽车的未来就一定是一片光明，王传福则更多是从理想和情怀去解释他的意图：电动汽车有助于缓解环境污染问题，节约能源，帮助人类构建绿色、可持续的环境；也将有助于中国的汽车工业和企业实现弯道超车，占据未来汽车工业发展的先机。

但很显然，不是所有人因为有梦想和情怀，就愿意接受高风险和可能的挫折。比亚迪进入汽车行业，是以收购秦川汽车这个中型地方国有汽车制造企业的形式开始的。据 2012 年前一直担任比亚迪汽车销售公司总经理的夏治冰回忆，在决定是否并购的前几天，王传福问当时负责清算秦川汽车资产的夏治冰，"你觉得我们有戏吗？"夏治冰只得照实回答，"这绝对是个危险的游戏！"当时比亚迪的高管几乎都不赞成进入汽车行业，夏治冰也不例外。

· 入主秦川汽车

2003 年 1 月 22 日，比亚迪以 2.69 亿元人民币收购西安秦川汽车有限公司 77% 的股份，成为继吉利之后第二家拥有轿车"准生证"的民营企业。从偶然得知秦川汽车在寻求资金支持到并购签约只用了短短 3 个月，王传福对收购秦川汽车志在必得，对并购的结果颇为满意。王传福认为，对于秦川汽车这种对比亚迪来说价值巨大的稀缺资源，必须立即买下，而且动作必须要快，不然就被别人买走了。以今天的眼光来看，这笔不到 3 亿元的投资的确物超所值。即便单单从资产溢价空间的角度来看，秦川汽车也可算是一份优质资产。

秦川汽车的前身是中国兵器集团北方秦川机械有限公司。作为 20 世纪 90 年代经济改革的一环，国家推动军工企业自主经营，进入民品领域参与市场竞争。在汽车领域，1991 年兵器工业总公司与日本铃木签订了整体合作协议，在全国布局了 4 家奥拓微型轿车生产点，重庆长安、西安秦川、湖南江南和吉林江北。1995 年兵工总开始改制以后，重庆长安优势日渐明显。在竞争中落败的秦川汽车只得在奥拓的基础上另起炉灶，打造自己的车型以期东山再起。全新设计的"福莱尔"加大了轴距，拥有奥拓系微型车最大的内部空间，当然还有最重要的，那就是秦川汽车耗费数亿元专门从国外引进先进的钣金和喷漆设备。重出江湖的秦川汽车不负众望，2001 年以福莱尔 1.7 万台年销量跃居 0.8L 微型车制造商第 6 名。汽车销量虽然好转，秦川汽车却不得不另寻婆家，最突出的问题就是"造血能力"不足。2001 年，净利润只有区区 70 万元，现金流近于枯竭。但对于比亚迪这样的造车新势力，秦川汽车所具有的价值不言而喻：生产许可证、比较先进的生产线、销售网络，以及王传福所最看重的——对技术和质量的关注。这些有形、无形资源的价值，恐怕要比 2.69 亿元大许多。

但即便如此，王传福借秦川进入汽车行业的这一决定，在当时依然招来了比亚迪内外的质疑与反对。2000 年以后，比亚迪在充电电池市场上继续高歌猛进。2002 年，以 25 亿元的销售收入实现利润 6.58 亿元，利润率超过 25%；锂离子电池和镍氢电池全球排名第三，镍镉电池世界第一。在大好形势下，比亚迪高管纠结的原因其实很简单，那就是为什么要从比亚迪费尽心血才构建成功，而且回报丰厚的"电池帝国"中出走，投身汽车这个竞争日趋激烈、未来满是不确定性的领域中？

·震动资本市场

相比较于比亚迪高管们的沉默与犹豫，那些买了比亚迪股票、关注了比亚迪的国际投资基金经理和分析师们的反应可谓很强烈。2002 年 7 月，比亚迪在香港主板上市，发行价在当时的 54 只 H 股中是最高的，深得国际机构投资者的青睐。正所谓“爱有多深，恨就有多深”，比亚迪并购秦川的消息宣布后，比亚迪的股价从 18 港元跌至 12.5 港元。持有比亚迪股票的外资基金公司纷纷向王传福施压，要求王传福改变这一决定，不改变就要大量卖出股票。国际基金投资机构之所以翻脸，主要的原因是认为王传福没有按他们的规则来。这里面当然也有其合理诉求的一面。比如说，基金经理们质疑，就算比亚迪所预期的 2003 年秦川汽车利润可达 3000 万元（2002 年利润的 44 倍），那这个回报率还是没有把钱放在造电池的回报率高。为了获得投资者的支持，王传福进一步解释了这笔买卖的终极目的，并购秦川不过是比亚迪发展电动汽车中长期规划的第一步，未来比亚迪将协调发展汽车和电池这两个产业，让这两匹马并驾齐驱。

然而，并购是为了发展电动汽车的解释，更难以让基金经理们信服。对于基金经理们来说，比亚迪的电动汽车恐怕连“概念”都没成形，更多的是王传福这个超级电池技术控的梦想。的确，在 2002 年 6 月的招股说明书上，比亚迪已经把电动汽车电池作为未来可能的投资方向之一。但这个“未来”来得实在太快也太突然，距离上市不过半年，而且，是以并购远在西北的一家传统汽车制造国企这样匪夷所思的方式开启的。对于基金经理们来说，作为接受股权投资的承诺，比亚迪首先应该是招股书上写着的那个“要成为全球最大二次充电电池厂商”，然后才可以利用这一优势进入其他相关领域。王传福和比亚迪的高管们虽然对此进行了多番解释，但还是没给出充分、有效的证据，可以让基金经理和分析师们能够通过"科学的、符合投资金融理论的"评估，得出任何正面的结论。结果双方就站成了针锋相对的平行线，一边是慢条斯理宣称自己"已经决定下半生和汽车捆在一起"的"技术派"总裁王传福，而另一边则是反对这一决策的"理性派"基金经理们，他们坚持认为比亚迪三五年内肯定没办法把电池跟汽车相关起来。既然相关不成，那一切就近乎归零，进入一个全新的竞争领域，而成败与否，当然也就成了一个不确定性的议题。

以投资机构基金经理、分析师们为代表的外部势力，更关心的不是王传福要一辈子跟汽车捆在一起这个说辞，而是王传福究竟打算用什么样的方法来捆，要用多长时间？比亚迪的电动汽车商用化发展路线并无特别之处，也是沿着"概念车推出——试验性车型研发与小规模试用——商用车型研发——商用车型大规模上市"这条路子进行的：2004 年，北京车展展出纯电概念车 ET、EF3，混动概念车 Hybrid-S；2006 年，首款搭载磷酸铁电池的 F3e 电动汽车研发成功；2008 年，F3DM 双模电动汽车推出；2010 年 e6 纯电动汽车推出；2012 年 F3DM、e6 销量过千；2014 年，混动汽车"秦"销量过万。从概念车型到商用车型研发成功用 5 年时间，再到大规模销售又是 6 年的时间，前后总计 11 年。

11 年是什么概念？快还是慢？在 2003 年，特斯拉刚刚成立。但鉴于特斯拉的科技创业基因和非同凡响的产品定位，我们还是对比另外两家制造型车企——通用和日产。通用是第一代电动汽车的缔造者。通用 1990 年在洛杉矶国际汽车车展上展出了双座概念的电动跑车 EV1，经过不断改进和完善，1996 年 EV1 第一代量产型终于投产。量产型 EV1 的铅酸电池动力模块重达 522 公斤，这使得其售价高达3.5万美元，车体重量接近1.4吨，而续航里程却只有区区145公里。2003年，通用终止了EV1项目，收回了已销售的1117辆EV1跑车并销毁了绝大部分。EV1作为第一代技术最为领先且最接近商用化的电动汽车，从概念车到有限量产开始用了6年，再到项目宣告失败，又经过了7年。日产汽车是世界范围内纯电汽车开发与制造技术的引领者之一。日产1997年在洛杉矶国际汽车展上推出了其首款电动SUV车型Altra，使用的是继铅酸电池、镍氢电池之后，在能量密度上有突出优势的第三代锂电池技术。日产在1998—2002年这段时间内制造了共计200台Altra，并交付给企业客户作为通勤等用途进行试验性小规模商用。而后日产不断升级其电动EV试验车型并和NEC合资设立AESC，直接涉足锂电池的研发与生产。基于其不断的技术积累与研发投入，日产在2009年发布了其量产化纯电汽车车型聆风并不断改进，使聆风得以凭借极为稳定的产品质量、超长续航里程以及并不高昂的售价征服了日本国内及欧美市场。日产从1997年推出Altra到2010年聆风大规模销售，前前后后也用了13年时间。

王传福的电动汽车发展思路

纵观整个2003年，王传福和其他高管对质疑者所做的回应可谓苦口婆心，从二次充电电池的中短期市场空间、汽车行业发展的超长趋势，方方面面都涵盖。离一语道破天机最近的是某高管对媒体进行的授权发布：汽车行业如果不赚钱，那么比亚迪肯定不会做，将电动汽车提前三五年做准备是比亚迪的战略安排，比亚迪对自己的电池技术有信心，相信在未来两三年内会小规模生产几款电动汽车，而一旦电动汽车产业化成功，也将产生许多专利和知识产权。这恐怕已经是当时王传福能够清晰把握，也可以说给外人听的十年内汽车（当然也包括电动汽车）行业发展的“天机”和比亚迪的战略蓝图：第一，比亚迪认为三五年后，也就是最迟从 2008 年开始，中国的电动汽车商用化将会有明显进展；第二，比亚迪需要提前储备专利知识产权，培养核心技术能力；第三，两三年内，也就是 2006 年以前，比亚迪会推出电动汽车样车，进行小规模商业化试用。

这份发展蓝图说到底，是以技术为重中之重。首先，是技术本身的发展路径问题，也就是对电动汽车区别于燃油内燃机汽车的“三电”核心技术，即电驱动、电池与电控，最具有产业化可能性的路径判断；其次，是技术的产业化路径问题，也就是在中国，究竟在什么时间节点上电动汽车可以投入试验性商用，大规模商用乃至市场真正形成。王传福反复强调技术要服务于企业的整体战略。如何把握决定性的时间节点、准备好预案是重中之重。太晚、太保守只能落得吃别家的残羹剩饭，但太早、太乐观也不行，一味激进，结果可能事与愿违。

王传福对电动汽车发展的未来前景信心十足。对电动汽车概念车开发和关键技术研发持续高强度的投入，产生了可观的效果。在 2004 年、2005 年的多次车展活动上，比亚迪多次对外推介了其电动汽车研发的进展与成果，纯电概念车 ET、EF3 和混动概念车 Hybrid-S。2004 年公布的数据显示，ET 系比亚迪全新开发，车身重 1.2 吨，锂电池驱动，充一次电可行驶 350 公里左右。ET 采用了先进“四轮边独立驱动模式”，控制系统集成了 ABS、ASR、ESP 等控制算法，续航里程、操控性等指标达到了国际先进水平。EF3 是在福莱尔平台上开发的、达到产业化水平的锂电驱动三厢车，准备在深圳市作为出租车投入试用。而Hybrid-S 是一台混动车。按照王传福的介绍，Hybrid-S 的定位在于与丰田的普锐斯节能混动车对抗，但技术路线采取了完全不同的串联式混动，是全球首个锂电驱动串联式混动车型。

比亚迪的小规模商业性试验、大规模量产周期与通用和日产相比要么大致相当，要么有所缩短，如果考虑到比亚迪的新手身份，比亚迪的这个成绩可圈可点。但研发电动汽车需要的不仅是梦想和思路，还需要资金。在最初的三年里，比亚迪的电动汽车还是处在大把烧钱的概念车开发和关键技术攻关阶段。虽然有“现金牛”充电电池和手机代工业务做支撑，短期内电动汽车研发的资金来源并不是难以为继，但王传福还是坚持“两条腿走路”：要搞好电动汽车，就必须先做好燃油汽车的基本功。最初三年，燃油汽车业务只能靠福莱尔来支撑。经过坚持不懈的试错与摸索，比亚迪终于找到了一条合适自己的燃油汽车发展道路。标志就是 F3 的问世。F3 自推出以后销量逐渐攀升，2006 年上半年，比亚迪的汽车业务扭亏为盈。

·“T 型车”F3 横空出世

2005 年 9 月，F3 正式开始上市销售，马上受到市场热捧。2005 年比亚迪一共卖出了约 1.5 万辆汽车，其中 F3 虽只卖了两个月就实现了约 0.5 万辆的销量，使比亚迪的汽车业务从 12 月份起开始盈利。当时业内有不少人以为，王传福在汽车行业毕竟是初来乍到，如何研发、制造汽车尚可以套用搞电池时候的经验，但如何卖汽车纵使他学习能力强，一时半会儿也难驾轻就熟。但王传福的规划是立体而系统的，他总是从已知指向未知，遵循科学和严谨的流程：先从技术出发研判大趋势、确定终极目标，再将其切割为环环相扣的小目标，然后步步为营，边做边学，将之付诸实现。研发与产品设计的成功只是第一步，入微的宣传与营销是神来之笔。再加上提前布局，一切都在王传福的规划之中，做到驾轻就熟就不是什么难题了。

·试错：从"福莱尔"到"新福莱尔"

从 2003 年 1 月入主秦川汽车到 2005 年 9 月 F3 正式上市，福莱尔是比亚迪唯一在销的量产车型。比亚迪对福莱尔可谓不离不弃，升级车型，改良内饰，大搞营销活动，跟夏利等微型车厂商进行激烈的竞争。这首先是因为福莱尔有比较过硬的产品和服务质量，有一定的销量，能够贡献一定的现金流。2003 年 4 月到 12 月，福莱尔卖了 1.54 万台，销售额 5.1 亿元，即使是在车市一片萧条的 2004 年，福莱尔在全国的销量还是达到了 1.48 万辆，受价格战拖累，其销售额下滑至 3.89 亿元。2005 年，福莱尔销量约 1.11 万辆，销售额约 2.9 亿元。其次，福莱尔作为一个在市场上曾经有不错口碑的成熟车型，对于王传福形成对汽车研发、制造与销售的全流程的直观感觉，验证与判断市场的竞争状态，从而降低新车型从研发到上市的整体成本和失败的概率，有相当大的作用。

2005 年 3 月，福莱尔的新改款"新福莱尔"上市，成为比亚迪入主秦川两年后上市的第一款"新"车型。为什么要让老将充当打头阵的先锋？在 2004 年年底的广州车展上，比亚迪高调亮相了全系 8 款新车型。这其中就有比亚迪放出风声，准备第二年上市的 3 款车型——C 级车 F6，B 级车 F3 和微型车 F2（后改称"新福莱尔"）。F6 是比亚迪自主开发的第一款轿车产品，排量 2.4 升，采用三菱 4G64 发动机，配有 ABS、EBD 和 8 个安全气囊，可调式方向盘、GPS、倒车雷达等豪华配置，初步的定价在 11 万～ 15 万之间。正如王传福所说，“大家都知道中档车现在的价位普遍偏高，我们希望能够通过推出 F6 这款车去平衡这个价位。” 虽然 F6、F2 均安排在 2004 年年底下线，但显然比亚迪有意让这款 C 级新车打头阵，凭借其性价比优势，首先在中档车市场打开缺口。而对于 F3 这款经济型 B 级车，比亚迪守口如瓶，外界除了知道这款新车前脸与丰田花冠神似，其他所知甚少。所以 2004 年年底，比亚迪的 2005 年新款上市计划是 F6、F2，最后是 F3。但实际情况是 F2“新福莱尔”于 2005 年 3 月上市，F3 于同年 9 月上市，F6 则排到了三年后的 2008 年才得以上市。为什么临时换将，让“新福莱尔”而非 F6 首先上市，比亚迪有员工透露是因为王传福对新车型的上市时机没有十成的把握，为求稳妥，还是先推了“新福莱尔”；而且为了确保与“F”系列新车型的区分度，量产车型也就没有叫“F2”或者“F2 新福莱尔”，而是改称“新福莱尔”。

福莱尔对于比亚迪来说，是兼有过程学习和市场验证的实验性产品，是过渡性的。道理也很简单，一番折腾以后，比亚迪发现福莱尔难成一款可以撼动国内市场的“T 型车”。首先，福莱尔的研制来源于 20 世纪 80 年代日本铃木的技术，是秦川汽车对奥拓进行车型放大、外形调整和内饰改变后的奥拓改型版。比亚迪在这个“后奥拓”产品上进行了诸多摸索，比如先后推出了小改的福星系列、深度改的“新福莱尔”，还以福莱尔为基础，开发了电动概念车 EF3 和 Hybrid-S。但这毕竟是一款十几年前的微型车车型，使其进入 B 级车、C 级车市场去竞争，跟从零开始研发也没有本质上的区别。此外，福莱尔所鏖战的微型车市场格局，也限制了比亚迪最擅长的“低价 + 高品质”策略的发挥。入主秦川后经过少许磨合，比亚迪就开始从产品研发、销售服务、品牌整合等全方位介入，打造比亚迫的福莱尔。2003年上半年，比亚迪推出了两款换了发动机的"新"车型，同时对"旧款"福莱尔 QCJ7081BD 降价 3000 元到 5000 元，使福莱尔售价下探到 3.58 万元，成为国产同类微轿中的"低价王"。当时的比亚迪汽车副总王永久表示，"推新车和降价都是比亚迪汽车'龙卷风'行动的一部分，比亚迪将以自己的方式引发一场车界'龙卷风'，向旧的汽车市场格局宣战。"对于降价的理由，王永久宣称是比亚迪的先进经营管理理念和措施，使生产效率倍增，成本大幅度降低。2004 年，全国微轿车市场不再火爆，由于各家的量产型号都没有过人的亮点，用户对价格又极度敏感，厂商也只好采取"降价加推新款"的方式，打起消耗战。比亚迪也不得不延续其低价竞争战略，3 月份抢先降价，结果招致竞争对手的疯狂反击，使自己陷入"情绪性"的降价泥潭中。9 月份比亚迪又对部分车型实施降幅最高 6000 元的新一轮降价，并对 8 月 23 日后购买相关车型的用户返还差价。一连串厮杀下来，比亚迪汽车销售总经理夏治冰坦言，"目前，中国微型车价格可以说是世界上最低的，降价空间不是很大了。"在新福莱尔之前，比亚迪还独立开发了一款车型，比亚迪内部将其叫作 316。这款按照常规思路开发的车型，最后连比亚迪的内部评审都没有通过。王传福决定不推出这款产品，亲手砸掉了样车。一番检验之后，王传福和比亚迪的高管们意识到无论是在微轿这个产品价格区间狭窄、规模扩张乏力的细分市场上想靠福莱尔领路杀出重围，还是按照常规思路去开发一台能一炮打响的新车，都不大切合实际。有了这些思考，比亚迪对同期已经展开的 F 系列产品迅速调整了开发思路，才使 F3 于 2014 年年底得以在车展上露面。

· 目标：打造物美价廉的国民轿车

产品研发是迈向市场竞争的第一步。进入汽车行业后不久，比亚迪开始规划新产品线路，制定了包括三厢车、SUV、MPV 等排量从 1.3L 到 3.0L 的八大系列新产品开发计划。2004 年 6 月和 11 月，比亚迪携福莱尔和新开发的燃油汽车、电动汽车两大类、全系列产品高调亮相北京和广州车展，掀起了不小的风暴。到 2004 年年底，比亚迪的汽车产品线已经由原来单一的福莱尔微轿车系列，发展成为包括 A 级燃油轿车、C 级燃油轿车、锂电池驱动汽车、混合动力汽车在内的全线产品。在这迅速发展的背后，是王传福对汽车市场需求引爆机制的准确判断，为比亚迪注入了“矢志打造真正物美价廉的国民用车”这个使命基因。而 2005 年 4 月下线、9 月上市即招致市场追捧的 F3，是比亚迪推出的第一款量产 C 级车。F3 历经多年仍然畅销不衰，其于 2009 年、2010 年荣登自主品牌车型销售冠军榜，到 2018 年累计销量突破 160 万辆，是国人心目中当之无愧的首代“国民轿车”。

· 洞彻：研发与制造的根本

F3 的成功推出，标志着比亚迪汽车业务顺利渡过起步期，王传福的造车梦有了坚实的市场基础。王传福从一开始就不避讳比亚迪进入汽车行业的终极目标是把比亚迪在电池和 IT 代工上的优势与汽车相结合，在未来的汽车电动化潮流中站稳脚跟。一贯务实的王传福，对于用概念画饼来取悦大众毫无兴趣。2004 年 6 月，比亚迪在北京车展上亮出了其自主研发的锂电池电动概念车 ET。但 ET 距离投入大规模量产仍需时日，主要是因为电池的性能和成本，导致整车价格居高不下。王传福认为比亚迪能够将整车价格控制在 20 万元以内，量产后可以控制在 16 万元左右，但这个价格已经远远超过国人对自主品牌汽车的心理价位了。“比亚迪在中短期内都会以燃油车为主，并且重点是开发较经济的车，会将售价控制在 15 万元以内。"2005 年年初，王传福这样说。道理很简单，比亚迪不能坐等电池价格自己降下来，必须制造中国消费者愿意买、并能够大量销售的汽车，才能立足于群雄逐鹿的国内汽车市场，反哺仍需要大量资金投入的电动汽车研发项目。

在起步期，如果比亚迪能够在市场竞争中站稳脚跟，那么后面就可以相对从容地与竞争对手进行竞争，这是汽车行业竞争格局决定的。但起步阶段拿什么车型来撕开市场的缺口，就成了难题中的难题。此时，王传福一点都没有慌张，反倒是走得有几分保守，时时算计，步步为营。首先，虽然 2004—2005 年微型车竞争日趋白热化，厂商大打自杀式价格战，但王传福并没有放弃，而是以学习与观察的态度，让福莱尔继续可劲"折腾"。

2005 年 4 月 16 日，F3 在比亚迪西安生产基地下线。随后，比亚迪将 F3 和 ET 分别作为比亚迪在燃油汽车和电动汽车方面的最新成果，在 4 月 22—28 日的上海车展上进行了重点推介。F3 在 5 个月前的广州车展上已经露过一次面。不过当时比亚迪采取了保守的宣传策略，除了含糊辞地表示 F3 将在 2005 年上市之外，几乎没透露什么。新车下线意味着 F3 的产品设计、定价策略和量产计划已经无从修改，比亚迪自然也就少去许多顾忌，对 F3 展开了全面的宣传。于是公众才得以了解到 F3 的方方面面，包括性能指标、设计亮点，研发过程与上市计划，乃至研发与制造理念。F3 车长 4533mm，轴距宽 2600mm，车身宽 1705mm，搭载以 1.6L 三菱 4G18 发动机，定位于家庭用中级车。F3 内部空间充足，发动机高效、能耗低，车身造型流畅，内饰风格简约，整体设计赋予潮流感与流行元素，也满足了国内家庭对中级车"宽敞、气派、省油"的消费需求。在 F3 下线仪式上，比亚迪首席设计师廉玉波认为 F3 的设计完美诠释了“兼收乃发，动静有致”的品牌内涵。他认为 F3 的造型“确实堪称佳作，整车造型流畅舒展、简洁大方、浑然一体且动感十足”，整体设计则是“堪称完美，可以和当前世界任何一款同级车相比”，本质上“比亚迪 F3 属中国血统，却又吸收了国际汽车工业的智慧，是一款站在国际汽车工业巨人肩膀上的产品。”对于这样一款在产品设计上充分“想用户所想”，努力求得性能、舒适感与外观的最佳平衡，敢于同合资品牌竞争的自主品牌新车，受到了中国用户的喜爱与追捧。在上海车展最后一天的“2005 上海国际汽车展大奖颁奖典礼”上，比亚迪 F3 和东风日产颐达、华晨骏捷一起获得年度新车奖。

对于 F3 在 2004 年广州车展首次亮相以来，在造型上跟丰田花冠的神似乃至于人们对其“中国花冠”的称呼，比亚迪做出了让消费者、媒体甚至竞争对手都心悦诚服的回应。无论是在 F3 下线仪式上还是车展上，无论是王传福本人还是廉玉波、夏治冰等高管都对外传递着同一个信息：F3 是比亚迪自主研发，拥有完全知识产权的产品，是比亚迪借鉴日、韩等国汽车生产的成功经验，大量吸取国际先进的非专利技术、国际流行设计元素而研制的产品。比亚迪并没有简单地去否认或者辩论 F3 对丰田等国外车企的成熟产品造型的借鉴。王传福非常理性地指出作为后进者的中国车企，为了赶超国际品牌，必须走曾经也是后进者的日韩车系的“模仿、改变、超越”的渐进式发展道路。王传福认为，日韩企业在 20 世纪 60—80 年代主要是模仿，20 世纪 80 年代是修改（在模仿的基础上做一些改变），20 世纪 90 年代以后才慢慢形成有自己风格的设计（超越）。即便时至今日，世界主要车企之间在产品设计、生产体系乃至运营模式上的相互借鉴和学习仍然是很自然的事情。国内外产业发展差距赋予后进者以借鉴先行者的权利，但即便如此，借鉴也有借鉴之道。王传福在F3下线仪式上说，F3是比亚迪对成熟车型进行大量解构和再设计，同时大量吸收国外先进的非专利技术，以及沿用和借鉴底盘、悬挂等通用非专利技术的成果，而比亚迪对于相关专利和法律保护有深刻的理解，可以确保F3所有的借鉴都是合法的，因此F3不会有任何知识产权方面的问题。

王传福认为，自主品牌要成功就不能按外资品牌的规矩出牌，要充分利用中国制造的核心优势，把成本、技术、效率和品质的优势发挥到极致。说白了，就是车要造得便宜，技术要精湛，产品迭代和量产速度要快，品质要可靠。汽车虽然和家电、手机在产品形式上不同，但从产业发展的历史经验看，国内汽车制造厂商必将再现“从模仿、改良到超越”这条国内家电、手机制造厂商已经走过的路径。但王传福的经营哲学里除了这些“可言传”的外，更少不了“需意会”的。

·营销：一看、二慢、三通过

王传福及比亚迪高管对F3的一番解释彻底打消了用户对比亚迪产品在知识产权方面的疑虑。而在营销上，特别是针对上市产品和上市时机的选择以及定价上，比亚迪的表现可圈可点。这里有两件事值得一提。一是撤回原定的F6先行上市的计划，改为在2005年内，让F2新福莱尔打头阵，市场预热后F3再上市。F6属于C级车，这个级别的消费者更看重品牌，对于资历尚浅的国产品牌接受度较低。如果选择先上市F6，那么在打造F6品牌知名度的漫长过程中，比亚迪恐怕又将碰到在销售福莱尔时已经碰到的问题——降价是唯一的可选项，但却未必能够显著拉动需求，打开市场缺口。先于比亚迪，奇瑞早在2003年就推出了类似定位的“东方之子”，尽管价格压得很低，销量依然平平。东方之子等自主品牌的前车之鉴，让比亚迪对进入C级车市场有了警觉。那么，既然F6所在的

C 级车、福莱尔所在的微型车市场上“低价 + 高品质闪电战”都难以奏效，剩下的也只有 F3 所瞄准的中级入门车市场。作为 2004 年市场容量增长最为迅速的轿车细分市场，该区间已经有现代伊兰特、别克凯越、丰田花冠和海马福美来等“新四大天王”，进入 2005 年第二季度又有日产颐达和哈飞赛豹上市。比亚迪 F3 能不能在这个对品质有要求、对价格很敏感的细分市场上一炮打响，定价策略的作用不可小觑。颐达属于合资车阵营，这样一来，哈飞赛豹就成了最主要的对标对象。

哈飞赛豹是哈飞汽车推出的首款三厢轿车，2001 年开始研发，2004 年 4 月批量下线。哈飞赛豹车身尺寸长、宽、高分别为 4434mm、1708mm、1471mm，轴距 2600mm，和 F3 非常接近，发动机也同样是采用 1.6L 排量的三菱 4G18 发动机技术，再加上哈飞比较扎实的造车经验，在整车性能和品质上 F3 很难形成对哈飞赛豹的明显优势。另外，在造型上，哈飞赛豹是由哈飞和意大利宾尼法瑞纳公司联合设计，在引入国际流行元素、先进的设计理念和成熟的经验方面，与比亚迪 F3 有异曲同工之处。但这样一个本应成为 F3 强硬对手的新车型，却在营销策略上失误连连。哈飞在赛豹下线时即披露了上市价格，简装版售价 8.78 万元，标配版售价 9.68 万元。对将成为销售主力的标配版将近 10 万元的价位，消费者并不领情。在此后的各地上市仪式上，哈飞赛豹的报价又出现了多个不同的价格。定价策略的失误给哈飞赛豹带来了实实在在的负面影响，但对比亚迪却是极佳的参考。

比亚迪在 4 月 F3 下线以后，在市场上按兵不动，一直不肯正式公布 F3 的具体价格，几次推迟上市日期，观望了近半年后才进行区域上市。比亚迪公布的 F3

价格一次到位：经济型车 7.38 万元、舒适型车 7.98 万元、旗舰型车 9.98 万元。比亚迪当然不会指望旗舰版来支撑销售，比哈飞赛豹的标配版的价差超过两万余元的经济版成为拉动销量的主力。竞争的天平倾斜到了比亚迪这一边。

· 生产：对基础设施与产业链抢先布局

充电电池行业用户高度集中、产品差距小，用户偏好、上市时机等“营销”因素并不需要太多考虑。进入汽车行业之后，从福莱尔到 F3，三年的摸索让比亚迪学会了如何细分市场、摸清消费者的价格底线。在“成本、技术、效率、品质”四者之中，比亚迪选择了品质作为切入点。王传福曾说，品质 80% 取决于设计，20% 来源于制造以及产品本身的材质。那么，既然 F3 旗开得胜，就意味着品质至少 80% 已定，而且接下来要浮出水面的，就是如何确保产品的品质，创造并扩大产品的低成本优势。

为了有朝一日能够在汽车行业再现曾经让三洋等竞争对手望尘莫及的场面，比亚迪在入主秦川汽车之前的 2002 年就开始部署研发、生产以及检测服务等方面的基础设施。2002 年 7 月，比亚迪重组北京吉驰汽车模具公司，在此基础上成立了比亚迪模具加工中心。吉驰模具的前身是北京吉普汽车有限公司模具分厂，有 40 余年的工装模具制造历史和一定的行业影响力。一般而言，设计制造一款全新轿车车型需要数亿元的模具开发与采购费用，而且汽车模具生产验收周期较长，部分整车模具交货期甚至长达两年以上。因此，并购吉驰模具为比亚迪带来了较强的汽车模具和工装夹具的设计与制造能力，为压缩设计与制造成本、提高开发效率、整合产业链条布下了重要的一环。

秦川汽车在被并购前耗费巨资引进的西班牙法格数控冲压生产线、日本狄原车身冲压模具和焊装生产线，德国杜尔涂装生产及日本万岁公司提供的汽车整车检验线，以及十余年的造车经验，则让比亚迪获得了入门整车制造所必需的“四大工艺”、人力资源和年产 5 万辆轿车的综合生产能力。入主秦川以后，比亚迪立即马不停蹄，“扩军备战”。2003 年 8 月，比亚迪与西安高新区、陕西省投资集团签订投资协议，在西安高新区扩建新的生产基地。此后用不到一年的时间，比亚迪宣布全国布局初步建成四大基地——在西安高新区扩建中的新生产基地，在上海设立汽车研发中心和核心零部件制造中心，在北京吉驰汽车模具的基础上建立汽车模具中心，在深圳设立汽车销售总部。2004 年 7 月，占地 3100 平方米的比亚迪汽车检测中心在上海基地建成并投入使用，检测中心拥有包括整车碰撞试验室在内的高精技术实验室和专用试车场，是全国首个由民营企业以自身力量建造的高等级汽车检测中心。

2005 年 4 月在 F3 下线仪式上，王传福宣布包括冲压生产线、焊接生产线、总装生产线、整车检测线以及动力能源设施等配套设施在内的一期工程完成，新增产能 20 万辆。王传福对 F3 的销量预期一开始并不十分乐观，他认为月销量会在 3000 到 4000 辆之间。如果按照这个销量预期和以每年两款左右的新车上市，那么仅西安基地的制造产能就超过 20 万辆，足以应付两三年内的产能扩张需求。与此同时，比亚迪也开始准备当西安生产基地 20 万辆的产能消化之后，把在深圳大本营建立第二个生产基地的筹划事宜纳入发展日程。如果考虑到 2006 年 F3 的实际销量是 6.3 万辆，2009 年全年全部车型销量为 44.8 万辆，那么 2003—2005 年期间比亚迪的产能扩充还是比较稳健、务实的。

理念升级，初心不变

有一个非常有趣的问题：王传福如何能够在2003年就为比亚迪后来十余年的发展做出较为准确的规划？入主秦川时，基金经理和比亚迪高层的反对与质疑，多少说明了比亚迪的电动汽车初始资源状况乏善可陈，起决定作用的当然是王传福的经营之道。

·"成本、技术、效率、品质"四位一体

在日渐成熟的王传福商道体系中，"成本、技术、效率、品质"四大维度的体系化与均衡是其功能层。进入汽车行业以后，王传福认为比亚迪比其他竞争者更懂得如何才能将"成本、技术、效率、品质"四大要素整合为一体。王传福认为比亚迪的制造业经验是经过国际一流客户的严苛监督与责难才得以形成，既不是小作坊式的闭门造车，也不是坐享合资分成的拿来主义。"我们在制造业方面有很多经验，我们在电池上几乎是从零开始成为全球最大的电池厂，我们的竞争对手都是东芝、松下这些国际上一流品牌，我们靠成本和品质战胜了他们。同样是制造业，经验是可以复制的，可以在汽车制造上套用电池领域积累的能节省大量费用的新生产模式。"[①] 成本、技术、效率与品质需要时时均衡，判断孰轻孰重。不可否认的是，无论是做电池还是造汽车，王传福的战略观是以技术为主维度。他自始至终都认为，比亚迪是一个技术型的企业；技术首先是为战略服务的，其

① 比亚迪总裁王传福：电动车能解决能源问题．深圳特区报，2004-09-17.

次才为产品服务；对技术的理解，会让企业家对行业看得更远，看得更深，判断得更科学。

而对技术发展长期趋势的精准预判，就成了王传福最津津乐道的事情。正如早期比亚迪的电池业务得益于其1995年对日本电池厂商动向的准确研读，2003年以后比亚迪的汽车业务布局基于王传福对世界汽车制造格局中电动化这一大趋势的笃信。王传福认为，在电动汽车的制造上中国将会走在前面，因为中国有庞大的电池生产基地，有发展的条件。这体现在比亚迪的电动汽车发展路径上，就是两条并存的逻辑线。一条是对燃油汽车的“不离不弃”，因为那是电动汽车做得下去的前提和基础；另一条是电动汽车核心技术的攻关、储备与商用化，没有这个就算“未来已来”也是枉然。在资源总量的制约下，两条逻辑线必然相互竞争，不得不有所侧重、有所取舍，但发展好了则可相辅相成、相互促进。如何驾驭这两套逻辑，是对王传福的一大考验。自始至终，王传福都坚持“比亚迪是造电池出身的，而造电动汽车是比亚迪的优势，也是进入汽车业的终极目标”。

把“成本、技术、效率、品质”的辩证思维运用到具体的目标之中，就成了比亚迪的战略模式、特点与风格。首先是如何看待与定义技术。对于王传福来说，“技术”不是高不可攀的东西，不应该成为欧美日企业攫取品牌超溢价的工具。获取整体打包的技术是不可取的，因为打包的技术会固化在产品、设备以及相关联的专利壁垒中。即使付巨资去引进，也多半会是囫囵吞枣，由于缺乏灵活性而处处受制于人。因此，王传福的技术发展思维非常务实，是一个把技术作为一个系统进行分解，然后对分解的要素各个击破，添加新的要素后重新组合成新的系统的螺旋式学习过程。在开发F3等比亚迪首批自主车型的过程中，王传福说："一种新产品的开发，实际上60%来自公开文献，30%来自现成样品，另外5%来自原材料等因素，自身的研究实际上只有5%左右。"

在这套透彻的技术解构思想的指引之下，比亚迪上上下下才表现出对研发出具有国际设计与工艺水准汽车车型的自信与淡定。在上海的汽车研发基地里，工程师的人数随着技术分解的深入而不断增加，从一千人到三千人。王传福认为可以大量使用非专利的技术，非专利技术的组合集成也是创新。王传福把大量的非专利技术分派给不同的任务小组进行攻关；对于极少数肯定绕不过去的核心专利技术，比如外观专利，就创造性地去改。比亚迪在研发电池时所形成的一套知识产权策略派上了大用场，使F3不但不存在任何专利纠纷隐患，本身还申请了33个专利。比亚迪对技术解构与集成的顺利推进，确保了产品品质，也使成本压缩有了坚实的技术基础。

·王传福的"自来水哲学"

经营理念的内核是信仰。比亚迪从电池业务的境外决胜到汽车业务的本土作战，也符合外界所说的王传福敢于冒险、敢于短兵相接、不为人后的个性。那这背后的信仰与情怀是什么呢？王传福不能接受由于技术落后就受制于人。二次充电电池、手机代工业务纵然可以做得很大，但终究是为摩托罗拉、诺基亚等一众外资消费电子巨头做配套。要成就产业报国、证明"中国人并不比外国人差，甚至更聪明一些"，王传福需要规模更大、更能够承载技术梦想，更能够贴近中国老百姓追求美好生活需要的平台。松下幸之助在日本被誉为"经营之神"，他有个"自来水哲学"，就是说企业应当以造福社会为己任，以优良的品质，把消费者需要的商品变得像自来水一样便宜，源源不断地提供出来。松下幸之助的“自来水哲学”，是要为日本国民制造家家都用得起的家电产品。王传福的“自来水哲学”，是要为中国的国民造汽车，国民至上。比亚迪电动汽车梦想的背后，也是王传福作为企业家的责任感。他说中国的汽车消费需求巨大，根本没办法保证石油的供应。发展电动汽车有助于解决中国的能源问题。王传福认为，比亚迪作为电池行业的顶尖企业，必须以“舍我其谁”的气概主动承担起解决中国能源问题的重任：“电动车商业化，解决中国能源问题，也解决中国的污染问题，因为比亚迪拥有电动汽车最欠缺的电池核心技术。”

技术梦想的浪漫情怀与产业兴邦的爱国情怀，指引王传福率领比亚迪用仅仅十年的时间就从造电池的小作坊一跃成为跨充电电池、手机零部件与组装服务以及汽车制造三大领域的产业集团，而在比亚迪内部也萌生了比亚迪特有的工程师文化、自主制造文化，支持比亚迪在汽车领域继续创造一个又一个神话。

第三章

后来居上：顺风满航的比亚迪攻势

经历了披荆斩棘的“二次创业”起步期（2003—2005），比亚迪进入了高速发展快车道。以汽车业务为牵引的高速发展期（2006—2009）就此拉开帷幕。短短三年的起步期，让比亚迪完成了精准而优雅的一跳。汽车打磨出了F3这个超级产品，手机代工获得了诺基亚、摩托罗拉等新老客户的认可。而作为老本行的电池业务在销量稳稳占据全球充电电池前三的基础上，随着ET、EF3、Hybrid-S等初代电动汽车研发的推进，比亚迪在动力电池领域的投入日渐加大，新的竞争力呼之欲出。从2006年到2009年，比亚迪的汽车销量从5.5万辆飙升到44.8万辆，比亚迪从一个名不见经传的微轿厂商发展成为国内销量排名第11的自主汽车品牌。继突破市场想象力的“三冠王”F3推出之后，在短短四年中比亚迪全线开花，在推出F3两厢版F3R、微型轿车F0的基础上，又推出了入门中级车F6和F3的升级版G3，对“国产轿车十万元天花板”发起冲击。

整个2006年，王传福很少在媒体面前露面。经过一年多的深思熟虑，王传福认为，他找到了让比亚迪再上一个台阶，在中国乃至世界汽车工业里实现他的产业情怀，让比亚迪立于世界制造业强手之林的制胜密码。2017年8月9日，在比亚迪汽车深圳生产基地落成和F6下线仪式上，王传福宣布比亚迪汽车业务的战略目标：到2015年，成为中国汽车制造业第一；到2025年，成为“世界第一”。2008年，“股神”巴菲特说他看准了王传福和比亚迪电动技术的未来，以18亿港元投资比亚迪。全球首款插电式混合动力车F3DM的上市，让比亚迪领先于世界开启了电动车商业化的第三条路径。2009 年，比亚迪汽车销量再攀新高，王传福以超过 300 亿元人民币的身家，荣登福布斯、胡润中国富豪榜首富。在市场上“攻城略地”，在技术上捷报连连，意味着比亚迪横跨汽车、IT 两大产业板块的宏大攻势已徐徐揭开了序幕，箭在弦上，不得不发。

王传福认为，要实现新能源汽车称霸的终极目标，首先要在传统燃油汽车上站稳脚跟。比亚迪也因此选择了一条“以战养战”的务实发展道路。战略愿景缜密、精巧、规模宏大：首先，IT 零部件业务良好的技术累积与业绩表现以及渐入佳境的资本市场运作，为比亚迪迅速扩大汽车业务版图提供充裕的资金保障；其次，让燃油汽车业务尽快形成“造血”功能，多管齐下，为发展电动汽车的终极目标提供多方位的保障和支持。于是，在燃油汽车和电动汽车两条主战线上，比亚迪发起了持续而凌厉的攻势。在燃油汽车领域，比亚迪迅速延伸产品线，扩充销售网络和生产能力；在电动汽车领域，比亚迪在加大产品研发和核心技术攻关的同时，不断尝试在电动汽车商用化上进行突破。而在充电电池、IT 零部件和代工服务领域，比亚迪则以维持和稳步扩大市场份额为目标，整体上处于防守态势。在宏伟蓝图的激劲下，比亚迪如何步步为营，王传福又是如何决策的，这些都值得我们细细探究。

燃油汽车：每年翻一番的“袋鼠跳”

应当说，比亚迪的宏大战略成就可观。2009 年，比亚迪销售收入升至 395 亿元，增幅高达47%。创纪录的增长来之不易。2008年金融危机阴霾不散，全球经济低迷、消费复苏乏力。逆境之下，销量的增长最终靠的是产品的竞争力。2009年，比亚迪汽车业务的销售收入增速惊人，增加了143%，达210亿元。IT零部件业务则因金融危机的影响，业绩表现不尽理想。受手机、电动工具等上游产业同比下降的影响，二次充电电池业务销售收入为41亿元，同比下降34%，但比亚迪在该行业的全球领导地位未曾撼动。在手机零部件业务方面，垂直整合的一站式服务模式继续发力，在市场低迷的情况下，比亚迪不断蚕食竞争对手的市场份额，销售收入同比增长21%，升至144亿元。比亚迪的汽车业务与IT业务增幅一升一降，使汽车业务的总销售收入占比从2008年的32%上升到2009年的53%。比亚迪的产业构成从量变到质变，从此，比亚迪成了一家“以汽车为主业的IT公司”。

从2006年到2010年，比亚迪燃油汽车销量的年平均增速超过100%。凭借F3的超强性价比优势和脚踏实地、接地气的营销策略，比亚迪汽车在2006年的销量增长244%，达到5.5万辆。在汽车市场上初步站稳脚跟后，比亚迪开始大规模复制F3“越级错位”的竞争模式，不断推出高性价比的新车型，以扩充产品线，推动汽车业务跳跃式发展。2007年，F3两厢版F3R上市销售；2008年，低端中级车F6和经济车F0先后上市。汽车销量也从2007年的8.6万辆增长至17万辆，增长约一倍。2009年，比亚迪销售汽车44.8万辆，在全国汽车制造企业销量排行榜上紧随吉利之后，位列第十一。

·定位：树市场性价比标杆

截至2009年年底，比亚迪在燃油汽车板块又相继推出了F3R、F6、F0、S8、G3等车型，形成了涵盖A0级小型车（F0）、A级家庭轿车（F3、F3R、

G3）、B级低端中级车（F6）以及B级中端中级车（S8）的产品线。其中，F3是当仁不让的主力车型，占到了比亚迪汽车销量的绝大部分。凭借大气的外形、简约风格的内部设计、经济高效的动力系统，当然，还有最重要的低价格，F3成为低档A级紧凑型轿车市场中的明星车型。F3的销量逐年攀升，从2006年的约5万辆，到2007年的10万辆，再到2008年的14万辆；而后继续攀升，2009年29万辆，2010年26万辆，连续两年荣获单一车型销量冠军。

对F3，比亚迪继续奉行打造成市场性价比标杆的策略，在市场定价上主动出击。F3在2005年上市时就以经济型7.98万元的低定价轰动市场，而后又进行了多轮款型调整和主动降价。2007年7月，F3价格全线调整，旗舰型降价达1万元，其他款型车的降幅也达到三四千元；9月，比亚迪再次以“一步到位”的精准定价方式，推出售价仅为5.98万元的F3白金版车型。“首度破六”的定价策略起到了很好的宣传效果，进一步巩固了性价比优势，拉大了与竞争对手之间的距离。2008年8月，比亚迪发起“金牌攻势”秋季营销攻势，在受经济危机影响本已陷入低迷的车市中主动出击，对部分热销的F3系车型进行价格调整：1.8L尊贵型指导价由9.58万元降至8.58万元，白金版实用型则从5.98万元降至5.68万元。对于比亚迪F3系车型自2007年以来的多次主动降价，奇瑞A5、华晨骏捷、海马海福星等自主品牌车型只能采取跟进战略。但比亚迪大打价格战的底气，来自F3销量急剧攀升带来的成本降低、提前布局的产能优势以及不断改进的内设、外观和性能。F3价格引领战略的内核是“成本、技术、效率、品质”的极佳平衡，再加上外部经济环境不景气，使得竞争对手跟进成本大幅上升，苦不堪言。自主品牌阵营的集体价格下降，也对伊兰特、花冠等定位于中高端紧凑车型市场的合资品牌车型造成了冲击，迫使合资品牌不得不降低定价，整个市场也因此被搅动。

比亚迪 F3 系车的成功给自主品牌阵营带来了很好的示范效应。在 10 万元以下的紧凑型和中级车轿车市场中，自主品牌的影响力日益突出。2007 年，自主品牌市场占有率接近 30%；2010 年，自主品牌车约占乘用车市场份额的 38%。自主品牌车的市场地位整体上处于上扬趋势。尽管如此，自主品牌的主战场依然局限于微型轿车、入门 A 级和 B 级车等低档车区间。如果自主品牌车不进行产品升级，那么中低档轿车市场的竞争必然加剧，自主品牌厂商将面临盈利空间萎缩，陷入生存靠“薄利多销”的尴尬境地。另外，中国经济的强劲发展势头带动国民汽车消费意识和购买力的上涨，制造中高档、高档汽车显然更有利可图。如同时任比亚迪销售副总经理的孙旭所指出的那样：“比亚迪 F3 每辆车的利润率不超过 10%，远远低于合资品牌车型的利润率”。所以，不管是比亚迪还是别的自主品牌车企，不管是为了生存还是为了活得更滋润，都只有这么一条路可走：在死死守住现有中低档车型市场份额的前提下，推中高端车型，进入 10 万元以上区间与合资品牌“分庭抗礼”。

打破“10 万元天花板”这个禁锢并不容易。因为很显然，要让市场满意，就必须面对市场对产品品质、品牌影响力乃至所承载的企业理念与文化进行最严苛的考问。对于“自下而上”的自主品牌车来说，抢占低端车市场是进入中高端市场的前提。对于比亚迪这个后来者来说，限制条件更为苛刻。最理想的选择是，比亚迪一方面尽可能快、尽可能多地推出像 F3 这样月销量达到上万的战略车型；在扩展产品线广度的同时，稳步推进产品线的整体趋势。在如此残酷的竞争态势之下，王传福在 2007 年提出“2015 年全国第一”的战略目标。王传福也必须这样做，因为后来者如果没有比竞争对手更坚定的路线图，逆势反超就无从谈起。

在2006年到2009年这段时间（甚至也包括2010年上半年），比亚迪的燃油汽车车型布局大致围绕三个战略意图展开：稳定低端紧凑车市场，扩大经济车市场，冲击中级车市场。在低端紧凑车板块，除去竞争地不可撼动的F3，比亚迪又推出了F3R。F3R是F3的两厢改款，历经在广东、山东等地三个多月的试销后，手动挡版在2007年7月正式上市，价格从5.98万元到8.18万元不等。由于两厢车传统上由合资品牌把控，F3R首次将两厢车的价格下探到6万元以下，形成了类似于“F3对花冠”的冲击效果。2008年6月，F3R自动挡版上市，采用1.6L三菱G18发动机匹配日本JATCO公司生产的原装进口变速箱，性能表现不俗。该车售价标定在7.98万元，为F3R夺得了“国内首款8万A级自动两厢车”的名声，使整个A级两厢自动车的市场价格进入8万元区间，进一步巩固了比亚迪在紧凑车市场的标杆地位。

在经济型微轿车板块，比亚迪看准时机推出F0，继续扩大比亚迪在低端车市场上的版图。F0于2008年9月上市，定价为3.69万~4.69万元。F3的定价继续了比亚迪一贯的“一步到位”风格，甚至比预售价又降低了近万元。在整体开发和外观设计上，F0沿袭了F3的套路，积极借鉴日韩品牌车型，在博采众长的基础上整合创新。在性能上F0不乏亮点，如采用全铝高性能环保发动机，在A00级轿车中唯一采用副车架独立悬挂系统。对于F0的超低定价，比亚迪汽车销售总经理夏治冰表示：“在原材料和成本上升的压力下，F0单车利润没有超过1000元，希望有一个好的市场回报。”F0推出的时机也极为恰当：一方面，国内微轿市场已连续多年低迷，“屋漏又逢连夜雨”，全球经济危机接踵而来，很多微轿厂商疲惫不堪；另一方面，为刺激国内消费，国家于 2008 年末进一步放宽对小排量汽车的管制，为微轿市场带来了前所未有的机遇。F0 也的确不负众望，2009 年销量达 10 万辆，2010 年又继续攀升至近 15 万辆，成为和奇瑞 QQ、长安奔奔“三雄鼎立”的明星车型。

但在中级 B 型车板块，比亚迪的进展并不顺利。无论是王传福本人还是负责销售的总经理夏治冰等高管，都把冲击中高端市场作为比亚迪汽车的既定目标。经过长达三年的开发，比亚迪首款中高档轿车 F6 于 2007 年 8 月正式下线。据比亚迪公开的资料介绍，F6 配备有 2.0L 和 2.4L 两种排量和手动、自动挡两种版本供用户选择，2.4L 自动挡车型配备三菱 4G69 发动机与德尔福发动机管理系统，动力强劲且环保经济，0～100km 内加速时间不到 10 秒，最高车速 195km/h，最大爬坡度高于 35%。在外观设计上 F6 仍然沿袭了 F3 对日韩成熟产品的借鉴，被誉为“中国凯美瑞”；配置高端，通常 25 万元以上的高档车型才有的配置出现在 F6 的配置表中。比亚迪将 F6 视为继 F3 之后的又一战略车型，意图以较为显著的性价比优势打开中高级轿车市场的缺口，树立自主品牌的标杆。几经推迟，F6 于 2008 年 3 月正式上市销售。售价为 8.98 万~15.98 万元，远低于业内人士估计的 15 万元。F6 上市后销售情况并不算差，2009 年和 2010 年销量均超过 5 万辆。但其并未能实现比亚迪打破“10 万元天花板”的初衷，F6 主力车型的价格徘徊在 9 万元区间。以 2009 年的中高档汽车市场为例，高端区间 18 万~22 万元，被雅阁、凯美瑞、帕萨特合资品牌所占据，中端区间 15 万元左右以蓝鸟轩逸为领军，F6 处于 10 万元左右的低端区间，只能以 B 级车的车型去跟合资品牌的 A 级车竞争。

之后，比亚迪的相继推出 G3 和 L3。L3 于 2010 年 8 月上市，是比亚迪“3”

系列的又一款A级轿车，仍有1.5L和1.8L两种排量版本。L3的定位略高于G3，拥有“尊贵型”和“旗舰型”两款配置不同的车型，标配了CVT手自一体无级变速箱，定价为9.28万~11.88万元。随后比亚迪又推出1.5L手动挡车，售价为7.98万~9.98万元。G3和L3均以悦动、凯越、朗逸、科鲁兹等合资品牌紧凑型车型为竞争对手，力争进入A级车市场原本被合资品牌占据的高端区间。

F6以及G3、L3在冲击中高端市场的过程中遭遇了不少挫折。但这恰恰也是中国汽车自主品牌在发展壮大过程中，从低端迈向中高端所必经的尝试过程。中国的很多自主品牌虽然在制造工艺、产品设计等方面用较短的时间就实现了很大的进步，但品牌的提升犹如酿造美酒，需要足够的时间，操之过急反倒会出现“欲速则不达”的尴尬。正如夏治冰在2010年上半年时所坦言，继F6之后，比亚迪能不能跳到10万~15万元级别，与合资品牌直接过招，是比销售80万辆的目标更大的挑战。“越级错位”是后来居上的方法之一。但由于后来者的品牌影响力往往并不突出，因此“高品质、低价格”的产品优势只有通过精巧的营销策略才能转化为竞争优势。

·营销：大巧若拙，注重实效

王传福是一个有自然科学工作者思维的管理者。比亚迪是一家有着浓厚制造文化和技术梦想的公司。在这样的氛围中，王传福和他的高管群体倾向于用工程师的语言来对外沟通，将比亚迪的成功描述为对技术、研发、生产等“硬”资源的有效创造与撬动。但即便如此，也不应否认或者低估比亚迪在每年翻一番的销量背后营销的功劳。比亚迪的营销特点在于质朴。因为造汽车，比亚迪可以仰仗在IT零部件和代工业务中摸爬滚打练就的制造能力，但要卖汽车，可能就不得不从头学起。无论是镍铬电池、镍氢电池、锂离子电池，还是手机零部件或者代工业务，买家都是企业（比如诺基亚、摩托罗拉这样的大企业）。但比亚迪要卖的F3、F6、F0就不一样了，绝大部分的买家是个人。

在2010年的一次媒体访谈中，当被问及什么最为难忘的时候，夏治冰说是公司把第一款自主开发的“316”车型给经销商看，结果大家看了都摇头，王传福亲手“毙”了这款产品，几千万的设计和模具费用都打了水漂的时候。消费者不认可的产品，别说销量，连推向市场都成问题。这恐怕是比亚迪对汽车市场的另一种严谨的态度。在2005年F3横空出世以前近两年半的时间里，福莱尔微轿是比亚迪唯一在销的车型。最初凭着福莱尔上市以后积累的人气，还能有月销一两千辆的业绩。但奇瑞QQ等新一代微轿上市后，与市场消费趋向日渐偏离的福莱尔销量直线下降。好的产品是销量的基础，但好的产品也得升级换代，要升级换代就不能闭门造车，要在与消费者的有效沟通中才能打造出有生命活力的产品。2006年之后，比亚迪比较有特色的营销之举有三个：巡回上市、动态营销和分网销售。

（1）巡回上市。F3是比亚迪背水一战推出的第一款车型。比亚迪对F3的上市销售，各个环节都做到了慎之又慎。首先，比亚迪采取了“巡回上市”的方式，与其他厂商所采取的新车全国同步上市不同。从2005年9月上市的首站山东济南开始到2006年的北京、上海、成都等事先选定的目标城市，比亚迪用了8个月时间，让F3在各个城市逐次上市。比亚迪之所以选择“巡回上市”，也有其无奈的一面。这是因为，比亚迪在分销渠道、营销队伍和经验方面都积累不多，尚不具备同步做好全国市场的能力。“巡回上市”为比亚迪F3逐渐走向热销，在全国范围内打下市场基础所起到的作用举足轻重。其次，分阶段在不同地区进行推广，使比亚迪能够集中有限的营销资源与力量各个击破，在一个地区打出一定名气后再转战下一个地区。再次，有利于精准调整产量，用好有限的产能。由于新建产能还未有效释放，当时每月的供应量最多只能有 5000 辆。在各地获取的订单和需求信息为用足用好这 5000 辆产能，乃至于新产能的继续投放，都起到了很好的作用。最后，锻炼了营销队伍，建立和完善了高质量的分区域售前、售后服务体系。2005 年 12 月，比亚迪已经在全国建立了近 500 个服务网点和近 300 个销售网点。

（2）动态营销。所谓动态营销，本质上是一种多阶段营销策略，利用当前阶段营销活动所获得的信息与能力积累，提前对下一阶段的活动目标和步骤进行调整，从而使产品的整体销量达到最优。按照动态营销的逻辑，比亚迪的“巡回上市”当然可以算作是一种动态营销：在每个阶段获得的订单信息、用户需求信息以及积累的活动策划等被用来调整下一阶段的产能分配、产品投放以及与之配套的营销计划。除了“巡回上市”，另一个比亚迪用得炉火纯青的动态营销策略就是“推迟定价”了。直到 2005 年 9 月首次上市的那一刻，F3 才最终确定了 7.38 万 ~9 万元的定价，这个价格比相近配置的合资品牌低，但又比奇瑞、吉利等自主品牌车型的价格要高。F3R 则是在 F3 上市逾 22 个月、累计销量过 10 万辆以后才推出的。F3R 手动挡为 5.98 万元、自动挡为 7.98 万元，这都是几经试探后的“一步到位”精准定价，在一定程度上起到了影响市场格局、树立标杆的效果。

（3）分网销售。与销量快速攀升同步快速增长的，是比亚迪的销售和服务网点数量。比亚迪在 2005 年末有 500 家左右的销售网点，但到了 2010 年，最多的时候销售网点数量达到了 1200 家左右。按照经销的车型这些经销商被分成了四个销售网点，A1 网成立最早，销售 F3、F6 和 S6（比亚迪第一款 SUV 车型）；A2 网于 2007 年成立，销售 F3R、F0、S8 和 L3；A3 网于 2009 年开始建设，销售 F3R、G3；A4 网销售 M6（比亚迪第一款 MPV）。分网销售是比亚迪为配合全产品线扩张战略的配套措施。对于为何要将销售商分成不同的网点，王传福给的解释很直白。要实现销售目标就必须扩充销售网点，如果按照常规办法，要在短期内实现大幅度扩张很困难。所以，比亚迪就推出众多车型，然后按照车型分别建立销售网点，这样就能以比常规方式快几倍的速度，实现销售渠道的增多。但这种方式所隐含的风险也是明显的。首先，比亚迪并没有足够的、可以让经销商有稳定利润来源的车型。比亚迪的热销主力车型是 F3、F3R、F0 和 F6 这四款，G3 和 L3 作为 F3 的改版区分度并没有预想的那么大。这就使各网点之间存在潜在的冲突。其次，对快速增长后的经销商队伍，特别是那些经销非主力车型的经销商，如何提升其服务能力、对其进行有效的管理是一个真正的难题。

制造能力与营销能力，孰轻孰重？对此，即使在比亚迪内部，也有不同的声音。在 2006 年，夏治冰把 F3 的销量奇迹归功于产品本身的品质，而营销只能算是锦上添花。但四年后，夏治冰也坦言，相对于快速提升的销量，比亚迪的品牌影响力成长速度不够快。应该说，至少在 2006 年到 2007 年上半年这段时间里，比亚迪内部对于营销的重要作用是有清晰认识的。正如时任销售公司副总经理孙旭所说，比亚迪不会盲目追求知名度的迅速扩大，而是用稳定的、良性的产品质量与服务以及用户良好的口碑来支撑品牌。比亚迪的上市营销策略跨度很大，主要取决于不同区域服务体系的建立与完善程度。比亚迪重视对消费者的反馈沟通，将之贯穿于汽车售前、售后始终。此外，对维修站的培训以及零配件供应速度也是比亚迪衡量经销商服务能力的重要一环。的确，千秋基业要一步步来建，不应当只图一时之快。“定位之父”艾·里斯曾在2010年被问及对比亚迪营销的看法时说，他对是否有必要推出F0、F6和S8等其他的车系表示怀疑，“比亚迪应该只做其中的一件事，而不是两件都做。两条路未必就比一条路好。在如今的商业界，公司最重要的战略就是‘聚焦’。”

·产能：走上快速扩充的快车道

乘用车制造属于典型的重资产、耐久消费品行业。产能在中长期上的预先布局和短期内的精准调控都非常重要。国内乘用车市场在经历了2004年的短暂低迷以后，2005—2007年销量增速回升到20%以上；2008年金融危机不期而至，国内车市再度陷入低迷，增速放缓至7%；而后国家各项宏观经济、汽车消费以及行业振兴政策密集出台，乘用车特别是低排量车市场一片火爆，2009年和2010年乘用车行业实现了53%和33%的销量增速。跌宕起伏的车市状况，使车企的中长期产能布局决策极易受到干扰，加大了自主品牌实现快速赶超竞争对手的难度。比亚迪在燃油汽车领域的产能布局以2007年的“两个第一”整体战略目标为指引，根本的着眼点在于市场的长期趋势，对短期市场波动则主要通过“越级错位”的产品开发方式和“一步杀到底”的定价等营销策略来应对。

比亚迪的产能走上了快速扩充的快车道。2005—2006年，比亚迪正式投产的产能只有西安生产基地的20余万辆综合产能。这迫使比亚迪不得不对F3采取分步分地区的上市策略，以使产能不足带来的负面影响最小化。2007年8月，比亚迪第二个生产基地——位于深圳龙岗坪山的深圳生产基地建成。按照比亚迪的规划，深圳生产基地兼有研发中心功能，具备生产F、S、M全系燃油车型以及电动车型的能力，设计产能 20 万辆将于 2010 年初步形成。

2008 年车市低迷，比亚迪成为国内众多乘用车企业中销售增长最快的企业。信心十足的比亚迪早早就宣布了 2009 年的销售目标继续翻一番，锁定在 40 万辆。2009 年，比亚迪在湖南长沙的第三个生产基地开始建设，计划产能 40 万辆；投资对西安生产基地进行扩容，计划新增年产 40 万辆汽车及零部件的综合产能。2009 年比亚迪超过预期，实现了 45 万辆的全年产量。连续几年的销量快速增长，促使比亚迪将产量目标从 2009 年的 43.5 万辆提升到 76 万辆，2010 年的销量目标定到 80 万辆，并认为“销量的挑战远比产量的挑战小。2010 年的主要问题是产能问题”。由于新增的长沙生产基地和西安基地产能要到 2011 年才能释放，所以 2010 年如果要大幅增产，比亚迪还真的只能靠挖掘西安和深圳生产基地的潜力。然而意想不到的是，产能大幅增加了，但销量这次却没有跟上，51.7 万辆的年销量距离 80 万辆的销售目标相差甚远。

· 技术：循序渐进，自主研发发动机

发动机技术是汽车工业的核心技术，也是衡量汽车厂商技术实力的重要标志。对于自主品牌车企来说，初步解决了“车子造得出来、卖得出去”这个吃饭问题之后，最迫切需要攻克的核心技术就是发动机了。当然，对于初来乍到的自主品牌车企来说，一开始就自己造发动机难度太大，以外购发动机开始也有其合理之处。比亚迪能够旗开得胜，F3 搭载的三菱 4G15S 发动机的技术成熟性与性能可靠性是很重要的加分项。但当市场局面打开以后，对于产品一般集中于中低档价格区间的自主品牌车企来说，仍然依赖外购发动机，则对稳定供应链、产能调控和成本控制都不利。F6 的上市屡有延迟，外购发动机也是一个影响因素。被供应链上游卡住脖子意味着什么，在竞争残酷的IT零部件制造业里摸爬滚打近十年的王传福没进入汽车行业之前就对此深有体会。

比亚迪一进入汽车行业，即开始投入精力研发具有自己亮点的发动机技术。在2006年11月的北京车展上，比亚迪发布了自主研发成功的BIVT可变进气系统发动机技术。一同亮相的比亚迪硬顶敞篷轿跑车F8（上市型号S8）搭载的就是一款2.0L排量的BIVT发动机。比亚迪对于技术有其独到的观点，“一种新产品的开发，实际上60%来自公开文献，30%来自现成样品，另外5%来自原材料等因素，自身的研究实际上只有5%左右。”比亚迪对从零开始的整车研发都如此从容不迫，对发动机的开发自然也不会慌。在北京车展上，比亚迪副总孙旭坦言，比亚迪的BIVT发动机系统是在现有的发动机可变进气技术上自主创新开发的，所以，它是一款成熟的产品，很多技术指标是非常好的，同时也具有比亚迪自己的特色。换言之，对于发动机核心技术，比亚迪采用了与F3研发类似的技术系统解构和集成理念，从而以很快的速度推出具有自主知识产权、性能理想的发动机，并投入量产。2007年2月，比亚迪第一条10万台发动机生产线在深圳建成投产。2008年，比亚迪又宣布将在西安再建一条发动机生产线，建成后将形成年产60万台发动机的综合产能。涵盖1.0～2.0L排量的多款发动机的研发以及产能的快速形成，对比亚迪提升自身在外购发动机对发动机厂商的议价能力，加快新车型的上市速度起到了促进作用。

比亚迪首款搭载自主研发发动机的量产车型是中型轿车F6。2008年3月上市的F6提供了两个动力版本，2.4L排量版本采用搭载MIVEC技术的三菱4G69发动机，最大功率121kW；2.0L排量版本则采用比亚迪自主开发的BYD483QB

发动机，配备三菱技术五挡变速器，最大功率 103kW。2008 年 9 月上市的另一款热销车型，小排量微型车 F0 搭载的是比亚迪自主研发的 BYD371QA 发动机，百公里平均油耗仅有 4.2L。在 F6 和 F0 上进行了尝试以后，比亚迪开始扩大自主研发发动机的搭载车型范围。2009 年 8 月，在新推出的 F3R 金钻版手动挡车型上，比亚迪搭载了自主研发的 1.5L 排量 BYD473QB 发动机，自动挡车型则仍然使用三菱 4G18 发动机；10 月，F3 的改进升级车型 G3 上市，1.5L 手动挡车型同时提供了三菱 4G15S 发动机和自主研发 BYD473QB 两个动力版本供用户选择，1.8L 自动挡车型则全面采用自主研发的 483QA 发动机；11 月，售价为 5.98 万 ~9.68 万元的 F3 新白金版上市，采取了跟 F3R 一样“自主研发与外购并存”的策略，手动挡车型、自动挡车型分别采用自主研发的 BYD473QB 发动机和三菱 4G15S 发动机。进入 2010 年，比亚迪汽车“换心”工程更为扩大，7 月份推出的首款 SUV 车型 S6，2.0L 排量手动挡和自动挡车型均采用此前以搭载在 F6 上的 BYD483QB 发动机，2.4L 则仍是外购，采用三菱的 4G69S4M 发动机。

电动汽车：厚积薄发，抢占商业化制高点

王传福笃信，鉴于环保、节能等日渐成为社会共识的实际情况，电动化是世界范围内汽车发展的大趋势。早在 2003 年他就指出，电动汽车虽然需要全新的产品研发理念和思路，但阻碍电动汽车大规模商用化的主要还是电池技术问题。要实现电动汽车商用化，需要首先在续航里程、可使用次数、安全性等核心指标

上实现突破，然后还要逐步解决制造成本高昂这个问题。崇尚“技术为王”理念的王传福，从来都不忽视大众绿色消费意识的积极意义。高度认同自己自然科学研究者身份的王传福，对于在媒体面前大谈商业发展计划似乎一直有些抗拒。当2006年F3在车市上势如破竹时，王传福则从公众视线下淡出，不愿意再谈汽车产业战略，而是静下来去思考他认为更重要的问题。但是，对于电动汽车那就完全不一样。不管什么时候、什么场合，是被访谈还是在公司内外发表讲话，只要谈到电动汽车，王传福总会兴高采烈地“推销”他的电动汽车愿景和宏大构想。

·发动“世界级”的宣传攻势

参加车展是一个推广电动车、培育社会消费意识的好办法，合乎王传福对事业发展的一贯理念。在F3推出以前，王传福对电动汽车的宣传主要还是在概念车方面，在北京车展、上海车展等国内车展舞台上展出了主要面向家用的纯电动车ET，可投入出租车等公用用途的纯电动车EF3，以及混动的Hybrid-S。随着关键技术和开发构想的逐步实现，2006年以后比亚迪展出的电动车型在技术上已经很成熟了，单纯从技术上来说多是短期内即可投入量产的车型。领先一步的成熟技术赋予了王传福和比亚迪自信——要在电动汽车这个新兴领域与国际主流车企一争高低。

要与国际级的对手打擂，那就得去国际级的车展上亮相。2008年，比亚迪开始携新能源车型频繁赴国外参展。2008年首次参加日内瓦车展，2010年第二次参展；至于底特律车展，则是每年都不缺席。在2008年1月的底特律车展上，比亚迪展出了中高级轿车F6的双模（纯电动EV+混动HEV）版本F6DM。F6DM已在2007年11月广州车展上首次亮相。F6DM搭载了比亚迪全球首个开发成功、投入商用的铁电池（磷酸铁锂电池），也展示了与丰田普锐斯等传统大牌车企不同的“重电轻油”的全新混动技术路线。在车展上收获的良好反馈也让比亚迪乐观预计，F6DM 可以在 2008 年下半年投入量产，纯电动车 F3e（2007 年已在国内车展亮相）和 F6e 也将在两到三年后陆续量产。在 2008 年 3 月的日内瓦车展上，比亚迪展出了另一款双模电动汽车 F3DM。F3DM 同样获得了欧洲业界人士和专业媒体的高度关注，成为首个媒体开放日上的明星，比亚迪准备的介绍材料没多久就发放一空。2008 年 12 月，F3DM 在国内市场上市。2009 年 1 月比亚迪再赴底特律车展，以其新能源车型再度成为最受瞩目的参展厂商。在该车展上，除了双模的 F3DM、F6DM，比亚迪还展出了一次充电可行驶 300 公里以上的纯电动轿车 e6，并宣布将于 2011 年在美国销售上述电动车型。

与世界级市场和对手的零距离接触，为比亚迪带来的不只是宣传效果。2010 年 3 月，比亚迪第二次参加日内瓦国际车展，带去了 F3DM、e6 以及汽车充电设备等新能源产品。在展会上王传福说：“离比亚迪第一次参展不过两年时间，上次参展没有看到多少新能源概念车车型，这次车展新能源车车型多了，而且几乎所有厂商都推出了各自的新能源汽车发展时间表。开发新能源车已经不是做不做的问题，而是怎么做、何时做的问题。发展电动车等新能源汽车已成为全球汽车工业的新潮流。”王传福坚信新能源汽车是一个新兴的产业，但中国新能源汽车一定会走在世界前列。新能源汽车发展“需要政府支持和政策引导，以及有利的社会环境”。王传福认为，2009 年以后，国家出台了很多鼓励新能源汽车开发的政策法规。这些政策和发展战略，加上中国汽车市场不断扩大的因素，使中国具备了发展新能源车最好的土壤。王传福变得比以往更为重视技术的社会与政策背景，而不只是技术大趋势本身。

·坚持“混动优先”的务实路线

在电动汽车发展路径的选择上，一直存在“纯电动与混合动力优先发展哪一个”的争论。比亚迪从一开始就是“先混动，后电动”务实路线的坚定支持者。2008 年 12 月 F3DM 上市，这是比亚迪新能源车商用化历程中最具标志性的事件之一。但漫漫征程，从来不是一番坦途。王传福曾谈到比亚迪储备、发展动力电池和电动汽车技术的漫长过程。他说，比亚迪从一开始就致力于新能源车的研发：1996 年开始动力电池研发；2002 年开始纯电动轿车项目开发；2006 年在公司内设立电动汽车研究所进行纯电动汽车和双模电动汽车的整车以及零部件研发与试生产。比亚迪推动电动汽车商用化的难处在于未知大大多于已知。社会大众是什么需求，比如能接受多高的价位，未知多于已知；政府到底是什么态度，很大程度上还是未知；竞争对手什么意图，虽然几乎所有的合资品牌和自主品牌 2008 年以后都开始规划各自的新能源汽车发展蓝图，但谁是真干、谁要搭顺风车还是未知。入场太早势必就等于投入真金白银替全体同行做宣传，做个台阶给竞争对手。

然而，新能源化正在渐渐成为国内外汽车业界的发展共识，这一大趋势是汽车发展的必然。作为后起之秀的比亚迪，除了率先行动起来也没有太多观望、等待的资本。要尽快、高效率地试错，找到市场的引爆点。F3e 整体新能源汽车解决方案是一次重要的尝试。2006 年，比亚迪宣布其首款电动汽车 F3e 研发成功。F3e 是在 F3 的基础上开发而来，技术上实现了一些新突破，如可以用家用交流电充电，一个半小时可以充满电，电池寿命超过汽车报废年限。但电池等核心部件成本仍较高，比亚迪的电动汽车研发团队正在夜以继日地对这些问题进行攻克。

为了解决未来 F3e 用户“充电难”的问题，2006 年 6 月，比亚迪在上海建成了一座示范性质的电动汽车充电站并进行试验性运行。充电站普及是需要国家政策引领和扶持的大工程，远非凭一家企业之力可以解决，但比亚迪的示范之举，表达了比亚迪开始重视与行业、社会和政府协同推进电动汽车产业化的战略意图。与传统汽车厂商的不温不火相比，比亚迪在电动汽车商业化上奉行的是激进路线。比亚迪对外宣布，计划用 3 至 5 年时间实现 F3e 量产化，年产量目标定为 5 万辆。而为了这一目标，比亚迪不遗余力。

· 核心技术实现重大突破

比亚迪之所以不纠结是先做混动还是先做纯电动，是因为这其实是一个伪命题。就像当年做电池 OEM 一样，如果比亚迪不憋足劲做出有自己知识产权的电芯，那么不管是造高端还是低端的充电电池，本质上都只能靠组装。所以王传福压根就不会对此纠结，而是果断加大对核心技术的投入。短短两年之后的 2008 年，比亚迪“百尺竿头更进一步”，在电池技术和混动技术上实现了突破性进展。

早在 2005 年的北京车展上，比亚迪就展出了搭载“铁电池”概念的电动车车型。2007 年 8 月，王传福在 F6 下线之际乐观地说，比亚迪铁电池已发展到可量产的阶段，比亚迪已经购买了一平方公里的场地用于投产铁电池，现在在等比亚迪铁电池专利在全球公开。王传福对比亚迪自主研发的铁电池充满自信，认为比亚迪的铁电池绝对可以改变这个世界。当然也还有美中不足的地方，那就是铁电池单位成本仍然较高，需要进一步通过技术攻关来降低成本。一年后的 2008 年，比亚迪铁电池在核心性能指标上有了突破性进展，投入生产并搭载在 12 月上市的双模混动车型 F3DM 上。通过对一系列的材料和高价值部件进行技术攻关和垂直整合，比亚迪铁电池的单位成本大大降低，使比亚迪的电动汽车在成本上有了很大优势。按照王传福的说法，比亚迪铁电池的单位成本领先日本同行至少十年，“比亚迪铁电池已经达到了日本10年后的电池成本预算目标”。除了制造成本低这一核心优势，比亚迪的铁电池还具有循环充电寿命长（可充电2000次以上）、高温性能优（热风值可以达到350到500摄氏度）、极好的安全性能（即使在交通事故中也不会发生爆炸）、产品及生产过程无污染等技术优势。

F3DM是全球首款不依赖专业充电站的插电式双模电动汽车。得益于铁电池优良性能的改善，F3DM一次充满电可以行驶100公里，使用家用电源慢充9小时可充满，在专业充电站上快充10分钟可充满50%。但F3DM最大的特点在于动力系统采用了“汽油机+电动机”的双动力模式。M1纯电力系统最大功率25kW，M2纯电力系统最大功率50kW，配合BYD371QA发动机的最大功率50kW/L，三者最大功率叠加，也就是F3DM总输出功率可达125kW，达到排量3.0L发动机的动力输出水平。并且由于发动机是直接将动能传递给发电机，因此不需要变速箱。DM双模系统使F3DM可以在纯电动（EV）和混合动力（HEV）两种模式之间自由切换。除了比亚迪，通用和丰田也掌握了双模技术。但丰田插电式混动汽车和通用Volt在纯电动模式下最多只能续航几十公里，并且正式上市时间通用排到了2010年，丰田排到了2011年。比亚迪以领先通用两年、丰田三年时间的优势，率先推出了可商业化的插电式双模电动汽车车型。

但F3DM，无论是2008年上市的、面向非个人用户的首发车型，还是2010年上市的、面向个人用户的车型，销量并不理想。偏高的售价和充电不便是最主要的制约因素。F3DM售价为14.98万元，这个价格虽然比F3燃油版高端车型高了约 5 万元，但却只有国内在售合资品牌混动汽车价格的一半。然而，消费者为这“多出来”的 5 万元买单的可能性并不大，这从当时丰田普锐斯等混动汽车在国内一片惨淡的销量可以推测出来。据比亚迪公布的信息介绍，F3DM 在年产量达到 20 万辆后，成本才可以进一步降低。但短期内实现 20 万辆的销量显然并不现实，因此要将售价降至消费者的心理价位，也就是 10 万元以下，除了等待政府补贴政策尽快出台以外也没有他法。而充电不便也是一个靠比亚迪一己之力难以解决的难题。F3DM 虽然可以用家用电源充电，但在汽车用户普遍没有私家车库的中国，大量建设各种类型的充电站、充电桩更具有现实意义。为解决这一难题，比亚迪尝试了各种方法，如与国家电网等协商共同建设充电站，将 F3DM 推向环保意识较好的欧美发达国家市场销售等。比亚迪对 F3DM 仍采用巡回上市的策略，在深圳等 15 个城市分阶段上市，因此从消费意识启蒙以及新能源补贴政策出台前对市场进行预热的角度来看，F3DM 在 2008 年到 2012 年期间的市场活动意义重大。

掌握了动力电池核心技术的比亚迪，当然不会只对混动汽车有兴趣。比亚迪的另一款量产电动车型，纯电动车 e6 在 2008 年北京车展上首发，2010 年亮相底特律车展，并入选工信部 2010 年新车目录，通过了国家强制碰撞试验。据比亚迪公开信息介绍，e6 的续驶里程超过 300 公里，百公里加速 10 秒以内，最高车速超过 160 公里 / 小时，百公里能耗少于 18 度电，费用仅相当于同等性能燃油车的三分之一。e6 在 2010 年投放国内市场，首批 e6 在深圳市作为出租车使用，并计划进军欧美市场。

F3DM 和 e6 上市后在国内市场整体上处于推广阶段，销量并不理想。但这也许对于王传福来说是意料之中的事，在不断对市场进行试探的过程中，比亚迪的电动汽车产业化计划有条不紊地进行。2009 年 9 月，比亚迪宣布在广东惠州的动力电池生产基地建成，总投资达 50 亿元，计划将主要进行铁电池的大规模生产。惠州电池生产基地的建成被认为是比亚迪完善其电动汽车产业链，进行垂直整合的重要一步。王传福和比亚迪很清楚一旦政府补贴政策出台，电动汽车的巨大市场需求将被迅速激活，因此必须趁早扩充动力电池产能，以免因电池产能不足导致电动汽车再现“有订单、没产量”的尴尬局面。

第三条战线：IT 业务与资本运作

比亚迪的 IT 业务群包括两个板块，1995 年开始的二次充电电池业务和 2003 年开始的手机部件及组装业务。在 2006—2009 年比亚迪的整体营收中，受到自身汽车业务和手机业务的“双重挤压”，二次充电电池业务占比呈下降趋势，从 2006 年的 35% 下降至 2009 年的 10%。处于增长阶段的手机部件及组装业务，占比则比较稳定，从 2006 年到 2009 年占比在 37%~45% 之间波动。手机部件及组装业务维持了与汽车业务类似的高增长趋势。手机部件及组装业务 2008 年实现销售收入 119 亿元，同比增长 30%，2009 年实现销售收入 144 亿元，同比增长 21%，属于全球经济危机中逆势而上的业务。二次充电电池业务作为比亚迪的成熟业务，显然已经触碰到了增长的天花板。受全球经济危机影响，二次充电电池业务销售收入 2008 年为 62 亿元（同比减少 13%），2009 年为 41 亿元（同比减少 34%）。但总的来看，IT 业务的发展平稳，大体上保持了与汽车业务相当的增长速度。

2007 年 12 月，比亚迪手机业务分拆上市成功。新成立的比亚迪电子国际有限公司注入了除液晶屏生产以外的手机业务，在港交所主板上市发行 5.5 亿股新股，以发行价每股 10.75 港元计算，募集资金约 59 亿港元。IT 业务的良性发展为比亚迪的汽车业务发展提供了良好的资金支持。除此之外，也为汽车业务发展提供了可借鉴的生产、品控以及管理方式。比亚迪为诺基亚、摩托罗拉等客户提供“一站式整合供应服务”。从早期的仅为客户提供充电电池，逐步扩展到液晶面板、外壳、键盘、摄像头、振动马达、FPC 柔性线路板等零部件的供应商，然后进一步升级到为客户提供整体开发设计，客户确认设计方案后比亚迪再进行生产，成为为客户提供整机产品的 OEM 服务商。比亚迪的垂直整合一站式制造模式经受住了国际买家严格的质量管控与成本控制，是比亚迪最为核心的竞争能力之一。

比亚迪良好的业务上扬态势和在新能源领域的领先地位，吸引了国际机构投资者的注意。2008 年，比亚迪“邂逅”了“股神”巴菲特。2008 年 9 月 29 日，在几轮谈判后，巴菲特通过其旗下的伯克希尔·哈撒韦投资公司斥资 2.3 亿美元入股比亚迪，获得比亚迪约 10% 的股份。巴菲特的入股为比亚迪带来了诸多益处。巴菲特和他的合伙人芒格明言，“投资比亚迪，就是看中了比亚迪的电动汽车发展和王传福出众的企业家品质。”巴菲特的认可大大提升了比亚迪的品牌影响力。而王传福自然也有自己的考虑。此后比亚迪加速了进军美国电动汽车市场的步伐，而入股比亚迪的巴菲特和芒格也是不遗余力，在各种场合力挺比亚迪。借此助力，比亚迪的股价在巴菲特入股后的短短一年中，从 2008 年 9 月的每股 8 港元涨至最高时的每股 80 多港元。拥有比亚迪股份 27.8%的王传福也借此登上中国内地首富的宝座。

高增长背后的理念与文化基石

对于比亚迪的未来发展目标，王传福有清晰的定义。首先，对于 10~20 年的长期目标，比亚迪要在“2025 年成为全球第一”的汽车制造商，而且很可能是全球第一的新能源汽车制造商，因为王传福坚信未来的天下是混合动力车、电动车的天下而不是汽油车的天下。其次，在 5~10 年的中期发展规划上，比亚迪要“在 2015 年成为中国第一的汽车生产企业”。在当时无论是比亚迪还是别的同行，普遍都认为全球新能源汽车要在 2010 年以后才会进入大规模的商用阶段，所以“2015 年全国第一”意味着比亚迪要靠燃油汽车成为全国销量第一。如此一来也就不难理解，在短期的 3~5 年之内也就是 2010 年之前，比亚迪的首要目标是要在提升燃油汽车的市场份额的同时加大对电动汽车的全方位投入，迎接汽车电动化时代的到来。

但只有目标还不够，要让用户心甘情愿买单、合作伙伴信服、竞争对手心悦诚服，需要有杀伤力、不易模仿、独一无二的核心技术，以及更重要的，可提供信念支撑、富有说服力的理念。在高速发展期的四年中，比亚迪创造出了三个具有比亚迪特色的核心模式，“袋鼠理论”“新人海战术”和“垂直整合体系”，以及一个仍在不断升级中的“全电”绿色梦想。

·升级中的管理模式与理念

（1）“袋鼠理论”。“巡回上市”这一营销招式让比亚迪以数量、质量都不占优势的销售队伍完成了本来不可能完成的市场开拓任务。负责操刀比亚迪汽车销售的夏治冰，在2006年7月抛出了“袋鼠理论”。当时民营企业中兴起了学习华为“狼性法则”的高潮，夏治冰于是就拿袋鼠跟孤狼对比，让外界对比亚迪的发展理念与模式有更直观的认识，营造比亚迪的亲和力。

夏治冰为“袋鼠理论”列出了三个维度。“首先，狼隐含躁性，而袋鼠则更稳健。通过踏实地打造自己的技术长腿，袋鼠跳得高且远。”这说的是比亚迪通过持之以恒地培育自己在技术研发、成本控制方面的核心能力，以此为基础实现稳定、可持续的发展。“其次，相比狼的凶猛，袋鼠则通过育袋，稳妥地培养小袋鼠（新的业务或者产品），并由此达到了企业的发展与传承。”对于这个“育儿袋效应”，夏治冰的解释是“少而精”，争取一次只做好一个产品，不成熟的产品绝不落地。希望在F3成功以后，在产品开发上能“储备一代、在研一代、推出一代”，不断推出杀手级的成功车型。“最后，狼更强调对竞争对手的进攻，而袋鼠则习惯自我赛跑。在自己的跑道上，通过自我完善与进步，快速拉开与竞争对手的距离。”这说的是比亚迪通过精确定价、巡回上市、精准投放以及拳头产品的高性价比主导市场竞争态势，保持自己的进攻步伐与节奏，不为竞争而竞争。

夏治冰的“袋鼠理论”描述了比亚迪进入汽车产业以后，特别是2005—2006年这段时期发展起来的初期竞争模式。在“袋鼠理论”一年以后，王传福提出了“两个第一”战略目标下的“IT业务+汽车”“燃油车+电动车”大融合发展模式。相比较而言，夏治冰总结的“袋鼠”发展模式更偏向于市场拉动而非技术驱动，偏向于需求而非供给，偏向于步步为营而非全面进攻。这些闪光点对缺少应对用户需求经验的比亚迪而言恰恰是必要的。

（2）新人海战术。“我们的资源就是人力资源。作为一个中国的企业，一定要把人力资源用足、用尽。我们就是要和竞争对手打人海战术”。王传福在2007年这样说。而“人海战术”又是跟比亚迪一直的稳扎稳打风格连在一起的，是基于中国国情的正确决策。既然在特定的阶段中国劳动力非常充足，那么就没有必要动辄花费上亿资金去引进国外的先进生产设备，有人力资源优势却不去想如何发挥出来。王传福一度乐观地认为，凭借充分发挥中国人力资源优势的半自动流水线的潜能，比亚迪能够形成比肩丰田汽车的竞争优势。

丰田也没有把比亚迪的豪言壮语当作笑话看，他们专门购买了一台F3回去拆解分析，研究F3为什么能够成本这么低。丰田这样做，是因为现在风靡全球的丰田的生产方式，同样是很重视“人”的作用。丰田生产方式有两大支柱，一个是瞄准在库最优的“准时化”（Just-In-Time），而另一个就是“自働化”（带人字旁的“动”）。“动”的繁体字“働”由三个部件“亻”“重”“力”组成，是个会意字，即只有重视人的力量，才能动起来。顾名思义，“自働化”就是充分发挥人的能动性，用全员质量管理、小组质量管理、看板式生产等质量管理规范来武装一线作业人员，以确保人工作业和工序质量的一种生产方式。丰田汽车的“自働化”生产方式，大致成型于二十世纪六七十年代的日本，其时日本经济正处于高度成长期，在国民开始富裕、对汽车的需求增长迅速的同时，消费者对产品质量很看重。这使丰田必须将生产方式的着眼点放在品质上，并通过调动“人”这个相对便宜的要素，来建立其高质量的生产体系。

比亚迪的“人海战术”和丰田的“自働化”生产方式的内在逻辑是一致的，都是立足于实际国情，着眼于赶超先进对手，然后在具体实现方法上积极变通。二十世纪六十年代的日本外汇短缺，丰田不会傻到花大代价去购买美国西欧的先进生产设备而将国内具有高水平技能的产业工人弃之不用。丰田如此，比亚迪当然更懂得变通。但区别在于，比亚迪“人海战术”的首要目标是控制成本。2007年F6即将下线前夕，比亚迪对外开放参观比亚迪坪山基地新生产线，大家发现已投入使用的冲压和焊接工序上已是“人满为患”。在F3热销的那几年，“人海战术”有很强的生命力。

比亚迪对“人海战术”的运用，也有丰田难以企及的地方。那就是研发领域的“新人海战术”。比亚迪在F3研发成功之时，对外讲得更多是F3研发的指导思想和理念，是对日韩汽车工业发展模式与经验的借鉴，使用了国际汽车工业的先进非专利技术与知识，以及比亚迪对F3拥有完全知识产权。此外，多次提到了为研发F3所投入的大规模研发人员团队，仅上海研发中心就有三千人之多。2007年以后，外界对比亚迪研发领域的新“人海战术”的了解随着比亚迪的披露日渐多了起来。“人海战术”之所以被比亚迪迅速推广到了研发领域，当然有其前提和全盘考量：一方面，中国拥有全世界规模最大的理工科人才队伍，特别是初级理工人才储备量丰富，人力资源成本优势突出。另一方面，比亚迪在赶超阶段奉行的是借鉴与学习为主、解构加重组的研发模式，自然这个学习就是一个任务多到惊人的庞大工程。利用人力资源优势，同步启动尽可能多的任务就可以在尽可能短的时间内推出有相当技术成熟度和可靠性的产品。“我们的F3、F6都是由上海团队研发出来的，所有图纸都是上海的3000个工程师拿出来的。这3000个工程师都是

2004年、2005年、2006年的大学毕业生，大学生在我们这里一两年之后就可以做车了。如果他们分到大公司，可能还在车间里没有出来。”按照王传福的解释，绝大多数开发任务的确是初级技术人员即可胜任的。

为了进一步加快产品的开发速度，比亚迪在深圳开始建立规模大至上万人的汽车研发团队。“我们会在这里建中国乃至世界最大的汽车研发中心，从模具制造到整车、零部件的设置，从概念的策划到油泥模型到试制测试，全套都实行自主研发。”王传福充满自信地表示。当然，在研发领域搞“人海战术”也有明显的短板：那就是随着与对手的距离日益拉近，比亚迪的角色也会从追随者变成同步者。这时候，阻碍比亚迪发展的将会是核心技术；这些核心技术该怎么做，可能全世界都无人知道。这就像比亚迪的量产型新能源汽车推出来以后，美、日的汽车厂商会一改其高高在上的姿态，买回去拆解学习一样（当然，这是后话）。新能源汽车该是什么样子，大家都还不知道。

（3）垂直整合。F3的低成本除了来源于大量使用人工所带来的制造成本降低，也来源于“从零部件到整车都自己造”的垂直整合效应。在2007年当王传福被问及如何确保实现“两个第一”的战略目标时，他强调将移植在IT业务发展上的成功经验：“我们在IT战场击垮了很多所谓的世界巨头……把刚刚从IT战场上打出来的经验再移植到汽车领域上去”，在汽车业务上“实行掌握核心技术、产业垂直整合的发展战略”，就可以达到类似的战略高度。2008年的一份调研报告上披露，比亚迪造的汽车，按总成计算自行制造的比例高达七成。高度垂直整合的一个表现是零部件自行制造。零部件自行制造的起点是零部件自主研发，这意味着比亚迪在汽车工业价值链上的扩张，因为如果零部件不进行自主研发，就只能外购，成了垂直不整合。比亚迪几乎涉足了所有核心零部件的研制开发工作，使“新人海战术”有了更多用武之地。当然，比亚迪也不是什么零部件都要做，比亚迪所选择的是具有技术关键性、对成本影响大或者能够利用自身 IT 业务优势的部分，比如发动机、底盘、电子控制系统、车身模具等。垂直整合的另一个重要环节是大量自制生产设备。根据 2007 年比亚迪披露的信息，深圳生产基地在引进上百台（套）汽车制造和检测设备的基础上，启用的自主研发设备包括冲压设备 360 台（套）、焊接设备 825 台（套）、涂装设备 656 台（套）、总装设备 412 台（套）。在整个汽车生产环节，只要在可控制范围之内的比亚迪都是设备自己做。

·“全电”的终极梦想与比亚迪的制造文化

比亚迪进入汽车产业，是为了造电动车。2003 年并购秦川汽车时王传福这样说，2005 年推出首款自主产权的燃油车型 F3 和 2007 年提出“两个第一”战略目标时王传福依然这样说。2009 年 F3DM 面市，当被问到“什么时候中国电动汽车商用化才能开始”时，王传福说可能要等两三年以后。与资本界和市场所关注的不同，电动汽车对于王传福来说，既是要实现的经营目标，也是要不惜代价坚持的梦想与情怀。战略目标要有成本和时间上限，但梦想、情怀则不是。战略是比亚迪的战略，而情怀与梦想不同，它可以是全体中国人乃至全人类所共享、所认同的。

王传福认为发展电动汽车能够帮助中国解决三个问题：第一个是能源问题，石油资源早晚是会枯竭的，需要未雨绸缪，而且中国过于依赖石油进口，需要时时防范被他人切断获取石油的渠道。第二个是污染问题，如果中国人都像美国人那样拥有燃油私家车，汽车的废气排放将成为很大的环保问题。第三个则关系到中国的经济与产业发展。汽车工业是 21 世纪最重要的支柱产业之一，中国要实现经济发展的超越就必须奠定自身在全球汽车工业中的地位，而在电动汽车上实现弯道超车、一举超越竞争对手的可能性非常大。“电动车是中国未来的机遇，中国的汽油车技术和对手有很大的差距，但混合电动车、未来的纯电动车将把瓶颈全部打掉。”这其中，既有全人类共有的绿色环保梦想，也有牵扯到中国人爱国情怀的产业化构想。也正是以此为基础，王传福敢于认定电动汽车是汽车产业未来发展的主方向，制定出短期发展规划，在发展传统燃油汽车的同时，积极推进双模电动汽车和纯电动汽车的商业化发展步伐。

2009 年下半年，比亚迪又对电动汽车梦想进行了升级，提出了涵盖“太阳能发电、储能电站和电动汽车”的新能源三大梦想，并开始为之进行大规模的研发和产能预备投入。新能源三大梦想在外界看来有些超前，外界质疑的更多的是比亚迪如何在中长期内跨越技术鸿沟，将“梦想”转换为可创造价值的商业模式。当然，比亚迪要成为全球领先新能源供应商的意愿还是要逐步细化、完善，合理与否，可能也需要十年甚至更长的时间来验证。

电动汽车梦想、新能源三大梦想首先是比亚迪人的梦想。比亚迪全员树立起对“三大梦想”的执着，形成了比亚迪制造文化的根基。大家谈到日本的制造文化时会想到“工匠精神”，谈到德国的制造文化时会想到“精准”。比亚迪的制造文化是对“技术为王”信念的坚持，对“技术、品质、成本、速度”的务实追求，在管理上又体现为对“技术与管理”关系的战略性统一。比如，“新人海战术”这一战术有其文化根基。王传福认为要留住人，关键是要建立基于文化的认同。王传福认为流水线操作工和技术人员在文化认同上有如下区别。

“我们过去只懂管工人，不懂怎么把工程师组织起来。‘中国制造’今后的优势还很大，关键是利用好中国的高级人才和低级人才，让其淋漓尽致地发挥。

对工人，高压、高薪的结合可以对效率起到立竿见影的作用，但对于知识结构高、价值观和自尊心都很强的工程师，这一套是不管用的。只有通过建立文化认同感，让他们追随你的理念。”①

王传福认为工程师和高层管理人员更渴望获得尊重和认同，因此要给他们创造条件，赋予权力，让他们放开手脚。王传福一直是这样做的，从1998年开始，比亚迪开始实施管理层持股，在2002年比亚迪上市前夕，王传福的持股比例降至29%，而高管持股比例则升至23%。

最后，让我们从“理论”角度来盘点一下比亚迪在模式和理念上所实现的这些创新。我们重点关注“袋鼠理论”和“新人海战术”。“袋鼠理论”看似侧重于营销，但这恰恰是功能派战略管理最初的营销思想。“战略管理之父”伊戈尔·安索夫博士于1957年提出了安索夫矩阵，提出以产品和市场作为基本维度，可以有四种产品、市场组合以及与之相对应的营销策略。这其中，对于现有产品—新市场组合，企业需要开拓市场以找到具有相同产品需求的顾客，推行“市场开发战略”。市场开发战略的重点在于对产品定位和销售方法进行创新，是侧重“卖”的战略。而以“巡回上市”等为特征的“袋鼠理论”，恰恰是在新的经营情境下对“市场开发战略”的创新。而“新人海战术”实际上已经不再是纯粹的“人海战术”。强调流水线制造效率的“旧人海战术”，其核心思想是以泰勒、法约尔等为代表的古典管理理论“经济人假设”：员工以经济利益为唯一诉求，改变薪酬刺激参数就可以提升员工产出效率。而早在20世纪20年代，心理学家梅奥主持的霍桑实验就验证了“经济人假设”的局限性：员工是社会人，服从于社会规范并有实

① 2亿多美元收购比亚迪10%股份 股神相中电池大王．华夏时报，2008-10-11.

现社会价值的诉求，企业不过是员工嵌入的社会生活场域之一。而“新人海战术”恰恰是通过从各个方面来强化工程师员工对自身价值观的认同，将之与比亚迪文化相对接来实现产出效率的提升。

第四章

事缓则圆：是挫折，更是机遇

2010 年，比亚迪增长速度放缓，营收增速从 2009 年的 47.3% 降至 18.3%；盈利减少，净利润从 2009 年的 37.94 亿元降至 25.23 亿元，减少三分之一。整体业务表现不佳的趋势继续蔓延，从 2011 年到 2012 年，营收从 463.12 亿元减少到 443.81 亿元，净利润从 13.84 亿元降至 0.81 亿元，净利润率从 3% 降至不足 1%。汽车销量不佳、整体业务毛利率下降以及中短期偿债压力的上升是比亚迪业绩下滑的直接原因。汽车销量“每年翻一番”的神话在 2010 年戛然而止，全年目标销售 80 万辆车，但实际只销售了 51.7 万辆，而后进一步走低，2011 年销售了 43.7 万辆车，2012 年销售了 42 万辆车。IT 零部件与代工业务因受行业整体下滑拖累，表现平平。2008 年以来大举投资导致中短期债务大面积到期，还贷压力激增。2011 年比亚迪一年期的银行贷款额高达一百亿元，是 2009 年的十几倍。

宏观环境对比亚迪肯定有影响，但不应该是全部。美国经济复苏乏力，欧洲债务危机蔓延，全球经济发展前景不明朗抑制了需求的释放，也让中国制造企业难以独善其身。内需扩大、汽车产业振兴等政策的拉动效果趋缓，国民消费意愿与能力时时变换，处于波动之中。但只论不利的宏观环境也失之偏颇，因时而动素来就是战略的应有之义。比亚迪 F3 何以成就传奇？ 2008 年比亚迪抓住全球危机下竞争对手收缩战线的必然，以弱胜强，拖着对手围绕单品打价格战。比亚迪的成功本就来源于在看似不利的时机做出看似疯狂的选择，来源于王传福对技术发展、对产业趋势与市场格局的敏感。所以，2010—2012 年的业绩低迷，根本原因还是在于比亚迪的战略误判。那么，在危机之前，比亚迪到底误判了什么，原因又是什么？王传福又是如何力挽狂澜，让比亚迪得以跨越危机，打开新局面？

比亚迪是搅动市场的黑马，是一家有“2025 年成为世界自主品牌第一”梦想的制造企业。比亚迪承载了国民热切的希望，也因此不得不背负责任与压力。比亚迪的一举一动都被放在聚光灯下，无论是失误还是纠正失误之举都被公众所关注。失误抑或危机本身并不可怕，可怕的是缺乏面对危机的勇气。狂人王传福当然不会缺勇气。这个平常鲜有露面的王传福选择了站到台前聚光灯下，利用每个机会向媒体、公众和投资者承认乃至剖析自己犯下的错误，请大家给他一个三年的调整期。王传福选择了以铁腕手段开启他的三年调整期，他抗住了大幅裁员、削减开支带来的舆论压力，打响了一场对内“修身变人”树立“品质第一”新理念，对外大刀阔斧地进行渠道改革的整风运动。2012 年下半年，比亚迪的业绩开始回到发展正轨，公众高度认可比亚迪三年调整的成果，认可王传福面对错误的坦承和改正错误的韧劲。从里到外，比亚迪焕然一新。与顺风满航的前五年一样，比亚迪跌入低谷又爬上来的这短短三年，同样值得被记入中国现代商业史册。

风口浪尖上的比亚迪

2009 年 10 月 13 日，“2009 胡润百富榜”在北京发布，王传福以 350 亿元的身家位列榜首，个人财富较 2008 年增加了 290 亿元。11 月 5 日，“2009 福布斯中国富豪榜”发布，王传福也排名第一，而 2007 年他仅排在第 23 位。王传福登顶的直接原因当然是比亚迪股票市值高涨，这其中 2008 年入股的巴菲特功不可没。但归根结底，资本市场之所以看好比亚迪，大体还是基于涉及比亚迪自身素质的三个利好因素：首先，比亚迪已经成为“新能源汽车”的代名词，铁电池、F3DM 等一系列重大技术突破加深了市场的这个印象；其次，比亚迪在燃油汽车领域表现突出，销量持续多年攀升的势头仍未见衰退；最后，比亚迪在 IT 零部件和代工业务上的表现同样不俗，全球领先充电电池生产商的地位无人可以撼动。

而与资本市场的看好相呼应，2009 年的比亚迪也在加大面向未来的投入。首先，在燃油汽车领域继续扩大车型开发和产能提升力度，提出 2010 年要冲击 80 万辆的销量；其次，在新能源汽车领域开始筹备建设铁电池生产基地，并在湖南开始建设新能源客车生产基地；11 月比亚迪正式提出“硅铁战略”，将“太阳能发电、储能电站、电动汽车”三大梦想付诸实施，开始在太阳能发电和储能电站领域大规模投资复制 IT 与汽车领域的垂直一体化发展模式。

然而，持续的超快速产销量增长，对比亚迪的汽车生产能力、品质管控体系以及销售网络运作带来的压力不断累积。一方面，品牌高端化计划虽推出多年，但进展缓慢。在 2009 年到 2010 年期间，比亚迪又先后投放了 F3 升级款 G3、中档硬顶跑车 S8 以及首款 MPV 车型 M6，意图冲击中高端车型市场，但销量和市场反响未达到预期。另一方面，高速增长本身也难以延续。2010 年，比亚迪汽车销售增速从 2009 年的 170% 骤降至 15%，但 51.7 万辆的销量仍使比亚迪进入车企销量前十榜单，位居世界第六，自主品牌车企第一。尽管如此，但经销商退网、负债飙升、净利润下滑等事件频发，比亚迪四年的高速发展就此落下帷幕。

· 退网风波

连续多年的销量快速增长刺激了比亚迪销售更多汽车的欲望，与此同时，也让比亚迪形成了以“拼销量”为主导的销售网络和销售管理体系。然而，这个“拼销量”拼的并不是实际销售给用户的销量，而是批发给销售商的数量。比亚迪内部的以批发销量为主要指标的销售考核体系，使比亚迪的销售经理们异常有动力，当然也形成了一些方法，将生产出来的汽车压给经销商。至于这个“压下去”的库存，经销商能不能、需要多久才可以消化，在这种销售体制之下日益变得无足轻重。生产的汽车越多，经销商的库存就越多，生产与销售之间的平衡就越脆弱。过大的库存、相对有限甚至下降的销量让各地经销商不堪重负，却又找不到与比亚迪高层进行沟通的渠道。2010年5月，开始有销售商宣布退出比亚迪的销售网络，而后愈演愈烈，到7月经销商退网风波达到顶峰。

2010年5月危机开始显现时，本是比亚迪迅速进行回应，对经销商进行安抚，然后找出问题的症结进行变革的良好时机。但“销量优先”的意识在比亚迪内部已经根深蒂固，又与销售部门的业绩考核绑在了一起。在“再等一下看”的侥幸心理驱使下，各地的销售经理选择了封锁退网信息，直接导致夏治冰等比亚迪高层对情况的严重程度产生了误判。面对库存非议，夏治冰坚信比亚迪与经销商之间的互信是稳固的。他认为短短几年里经销商能从十几家发展到一千多家，本身就说明经销商对比亚迪是信任的，经销商不会是傻瓜。很显然，选择用脚来投票的经销商们肯定不是傻瓜，而退网事件暴露的也不仅仅是销售的问题。比亚迪高层终于意识到了问题的严重性。对导致退网事件的直接导火索，也就是年销量目标进行了修正，从80万辆降至60万辆。9月底，比亚迪在深圳召开经销商大会，会上夏治冰在报告中向经销商承认对形势判断失误，销售目标定得过高等错误，比亚迪将会积极回应销售商的诉求，提供各方面的支持。夏治冰向在场的经销商鞠躬道歉，赢得了全场长达两分钟的热烈掌声。

虽然反应有些迟缓，但比亚迪高层敢于承认错误、立即纠错的态度，为比亚迪赢得了危机公关的第一步。2011 年的 8 月 5 日，夏治冰宣布辞职，而王传福也准了他的申请。在比亚迪宣布已经走出最困难时期的情况下，夏治冰的辞职具有很大的象征意义。夏治冰，这个深得王传福信赖，为比亚迪汽车销售立下汗马功劳的北大光华管理学院毕业生，以辞职这一方式帮助比亚迪向外界宣布，经过两年时间的变革，那个导致了经销商退网风波的以销量为主导、大打“销售人海战术”的网络分销体系已不复存在，换成了由用户体验、产品品质双引擎驱动的销售新体制。

· 品质管控危机

对于中国人自己的“新生代”自主品牌车企，中国的消费者往往是宽容的。F3 进入市场以后销量节节飙升，对于 F3 这样各种配置齐全、外观和日本花冠有的一拼，但价格却不过七万元的自主品牌轿车，消费者的确被它超高的性价比和大气的外观设计所吸引。购买了 F3 的消费者也会指出，F3“确实也存在着所有自主品牌的弊病，大毛病没有，小毛病不断”，诸如缝隙大小不一、装饰条脱落、雨刷器刮不干净等。但消费者也指出，比亚迪的改正态度一直很好，虽然这些问题实际上持续了几年也并没有太大的改观。2011 年，时任比亚迪汽车产业群技术总工程师的廉玉波说：“别人骂我们有质量问题，其实我们天天骂自己……5 年前比亚迪第一批车比现在质量差也卖出去了，现在恨不得把第一批车主找来奖励他们。”

但连续几年，特别是2009年以后的“销量倍增”的经营方式，给品质管控带来的压力远非比亚迪的“人海战术”加“半自动生产线”生产方式所能承载的。结果是进入2010年，车型质量问题开始集中出现，并被媒体关注曝光。广受质疑的不仅仅只是产品本身的质量问题，还包括销售和服务网点以及比亚迪销售部门对用户诉求的无视、搪塞与推诿。

全面攻势的过与不及

2005年后，比亚迪的全面攻势，本质上是激进的转型策略。王传福所希冀的，是尽快夯实电动汽车的核心技术、制造工程以及商用化基础，以便在外部环境具备时先人一步实现战略转型，成为电动汽车领域的引领者。但激进型的战略从来都意味着高风险，依赖于对内外环境与趋势的精准把握。

即使是在高速发展时期，在对比亚迪前瞻性布局的一片赞誉声中，怀疑与质疑的声音从未间断过。归纳来看，大致集中在几个方面：对比亚迪电动汽车商用化进程的担忧；对国家政策环境走向的担忧；对比亚迪未来资金状况、汽车品质管理、品牌建设等“基本面”的担忧。

· **“电动化”的节奏**

市场对比亚迪在电动汽车方面的先进技术是认可的。即使是最极端的观点，也多是质疑比亚迪的技术领先程度以及是否可以形成对国际汽车巨头的压倒性优势，一般不针对比亚迪取得的技术突破。最主要的呼声是，要比亚迪给出一个大规模商业化的时间表。在这方面，比亚迪缺乏一个应对市场呼声的体系化应对方案。在内部沟通上的欠缺，也使比亚迪高层无法有效利用市场反馈。比亚迪在 2008 年和 2009 年推出了可商用化的电动车车型，但这并不意味着电动车商用化自此可以一帆风顺，反倒提高了市场的预期。消费者环保意识不够固然可以作为销路不畅的一个解释，但营造新能源汽车的消费氛围，很大程度上也是汽车厂商应有的责任。2009 年前 7 个月，丰田普锐斯在美国实现了超过 7 万辆的销量，丰田的环保营销举措功不可没。从这方面来讲，比亚迪需要进行的学习和调整还有很多。

向电动汽车制造商转型是比亚迪品牌高端化大战略的一部分，或者可以说，是终极的目标。很显然，当电动汽车全面量产铺开以后，比亚迪才不会从低端的“10 万元以下”来开始，借新能源领先者的品牌效应从中高端定位开始才更为合理。在 2010 年，比亚迪已经做好商用化准备，“有条件”投放市场的电动车型还是那两款，插电混动轿车 F3DM 和纯电轿车 e6。F3DM 在 2008 年上市，主要针对的是非个人用户，其响应国家新能源汽车应用示范工程，借势进行品牌宣传推广以逐步打开市场的用意可能更多一些。面向个人用户的 F3DM 在 2010 年实现了上市，每月都有上百辆的销量，但比亚迪对市场的预热做得并不够好。以“节能、环保”理念来形成品牌溢价的期望不能实现，如果要尽快形成销量，恐怕就只好靠压低价格。压低价格，意味着要有人来承担增加的新能源模块的成本，这就变成了消费者、比亚迪和政府补贴三者之间的循环博弈。

· 对政策走向的把握

比亚迪从全球电动汽车技术与商用化发展的大趋势出发，认为新能源汽车市场会在三五年内正式形成。但如果从国家政策走向来预测，估计可以得到更为精确的结果。整个 2008 年，科技部部长万钢都在奔走呼喊，为将新能源汽车产业化纳入国家战略发声："希望经过 4 年到 5 年的努力，在 2012 年每年汽车产量中有 10%，就是至少有 100 万辆以上是节能新能源汽车。"2009 年 1 月，由科技部联合财政部、发改委、工信部共同发起的"十城千辆节能与新能源汽车示范推广应用工程"（十城千辆工程）正式启动，提出要用 3 年的时间，力争使全国新能源汽车的运营规模在 2012 年占到汽车市场份额的 10%；2 月，财政部和科技部联合发布《节能与新能源汽车示范推广财政补助资金管理暂行办法》，被纳入《节能与新能源汽车示范推广应用工程推荐车型目录》中的车型将按标准享受财政补贴。"十城千辆工程"推广应用的范围局限于公共交通、出租等公共服务领域，对个人购车不予补贴。比亚迪 F3DM 成为第一批进入推荐目录的乘用车车型。

2009 年 3 月，《汽车产业调整和振兴规划》出台，提出在三年内形成 50 万辆新能源汽车的产能，新能源汽车销量占到乘用车销售总量的 5% 左右。2009 年，时任工信部副部长的苗圩表示中央正在考虑对私人购买新能源汽车实施补贴，"根据节能的效果好坏，每辆轿车补贴 1 万元到 5 万元不等，这个比例还是很高的。这应该是一个长期的鼓励政策。"种种迹象表明，中国的新能源汽车商业化在走一条与发达国家所不同的道路。因此，新能源汽车厂商必须主动将自身的新能源车研发、商用化方向与国家政策相对接，借国家政策的东风进行市场宣传，打消市场对新能源汽车商用化的顾虑。

但即便到了 2010 年，传闻中的《节能与新能源汽车产业发展规划》仍在酝酿之中。政策将优先支持的技术路线是纯电动车还是混合动力，是公共领域用车还是个人用户用车，是以税收减免还是直接补贴的方式，皆无从得知。比亚迪标榜自己将成为新能源汽车的未来领军企业，但既然销量都难有，那比亚迪何以证明自己的新能源汽车发展战略不会功败垂成、前功尽弃？虽然这种担忧日益发酵，但比亚迪却并没有花费太多的精力对外沟通以最大限度求得共识，而是从自身战略出发继续斥巨资建设铁锂电池产能、并购客车制造企业，且宣称要进军电动大巴产业。一方面，燃油汽车的销售收入、利润增幅在下降；另一方面，新能源汽车投入越来越大，但商用化看不到曙光。这就不难理解，整个 2010 年，人们为何对比亚迪新能源汽车的发展持怀疑的态度。

·“基本面”的维护

资金、品质与品牌相互关联，是制定发展战略需要系统性考虑的三大要件。在比亚迪新能源汽车商业化进程仍在摸索的情况下，比亚迪要确保不在未来的新能源汽车竞争中失去先机，唯有依靠自己来筹措发展资金，依靠资本市场或者自身资金积累。2008 年以来的全球经济低迷，使 IT 零部件与代工业务已难有飞跃性的上升，这样一来，主要的内部资金供给任务就压在了燃油汽车业务上。而燃油汽车一旦出现问题，那么比亚迪的整个战略布局恐怕就将陷入危机之中。

以高性价比为优势进入低端市场，再通过薄利多销提高市场份额的同时形成技术、品牌以及口碑的原始积累，然后不断冲击中高端市场，几乎是所有自主品牌车企的既定路线。具体路径可以有所区别，比如是拼燃油汽车还是电动汽车，但产品结构本身要迈向高端化是事关企业存亡的硬指标。因为在中国经济整体上扬，消费升级、制造成本上升以及合资品牌下压的大趋势之下，低端燃油车型市场的容量会不会萎缩，即便不萎缩还能不能挣钱都不容乐观。至少微型燃油轿车走过的历程是一个参考。比亚迪在各种场合都宣称，品牌高端化、在中高端市场开疆辟土是比亚迪的既定责任。

2010年以前，在瞄准“10万元以上”中高端市场的产品组合中，有最早出道、销量不错但止步于10万元价位的F6（2008年3月上市），有为拓展“3系列”产品纵深、提高系列平均定位的升级改版车型G3（2009年10月上市）。F6和G3在2010年都冲到了5万辆销量这个层级，虽然最终这两款车型都没有达到年销量过10万，但比亚迪的第一波品牌高端化冲击并没有输。2010年，比亚迪又推出了两款新车型，比亚迪首个MPV车型M6（2010年8月）以及“3系列”的第3个车型L3（2010年第4季度），分别定位于商务MPV和A级轿跑细分市场。这两款车能够有上规模的销量，都是2011年以后的事情了（L3后来的表现不俗，但M6的市场表现也只能说是不温不火）。从整个燃油汽车产品组合来看，比亚迪主要的销量还是来源于低档车型的F3和F0，加之出现的汽车品质问题，给消费者的印象就是比亚迪对中高端市场投入不足、市场表现不尽如人意了。

比亚迪还提出了第三条升级路径——硅铁战略。2009年年末，比亚迪宣布在继IT、汽车之后，将进入新能源领域。按照比亚迪的规划，新能源业务包括三个组成部分。比亚迪的“硅铁战略”就是要以现有的电池制造、IT零部件制造与代工以及汽车制造为基础，形成一个包括太阳能发电、储能电站和电动汽车三个产业板块的超级新能源业务群。硅铁战略的内核恰恰就是王传福提出的“三大梦想”，旨在将比亚迪打造成一个面向未来的新能源解决方案的提供商。单纯从技术逻辑来看，王传福主张的三大梦想有其合理之处。太阳能发电是真正的可持续发展的无污染产业，所以只要能将太阳能发电成本降到一个合理的范围，那么太阳能发电行业就必然进入高速发展阶段。王传福提出要在太阳能发电领域再现比亚迪的垂直整合发展模式，从硅矿开采、单晶硅制造、电池组件制造再到太阳能电站建造全线通吃，以加速技术研发、降低成本。按照这个思路，储能电站未来也将有很大的市场，比亚迪基于领先的磷酸铁锂电池技术进行储能电站建设，帮助电网企业移峰填谷、平滑负荷曲线，帮助太阳能、风能等可再生能源发电企业将不稳定的、断续的电能储存起来，实现更稳定的并网。当然，这项技术也可以应用于家庭，将富余的电储存下来供其他时候使用。至于电动汽车，则是比亚迪现阶段全力在推的，并将其视为商用化大潮即将来临时有着巨大潜在市场的领域。对于硅铁战略的实施，比亚迪不遗余力。他们在深圳建成了两个示范性储能试验电站，在陕西设立多晶硅生产和太阳能电池生产基地，整个“三电”梦想的投资规模已达几十亿元规模。但战略是否合理，并不只看是否与技术大趋势相吻合。比亚迪靠什么在电池、汽车领域取得成功？对技术趋势的准确判断只是其一，但并不是全部。市场的走向充满了各种难以预测的因素，这无疑会加大比亚迪大规模投资的风险性。

为错误买单的勇气

比亚迪对高速发展模式弊端的反省与纠错，从 2010 年下半年就已经开始。而一贯沉静、不爱走到台前的王传福，也开始频频利用各种场合来面向舆论，坦承自己所犯下的错误，回应来自各个方面的质疑与诘问。王传福对待错误的坦承与率直，甚至大大出乎外界的意料，毕竟人们之前给王传福的标签不是技术狂人就是工程师、企业家，人们没想到技术狂人也能做到以情动人、寻求沟通。当然，改变需要一个过程，不是瞬间完成的。

2010 年年末，当被媒体问及对第三季度业绩下滑的看法时，王传福认为暂时的表现平平恰恰是“调整”的必然结果。他认为 2009 年比亚迪保持了高增长，是成功的；第三季度为了消化库存削减了新车的出货量，同时加大了营销投入，这些都会对业绩有不良影响。王传福还表示，没有预计到 1.6L 以下车型的市场需求会如此快速趋冷，自己在这方面过于乐观。王传福坦率地承认，年初定下的 80 万辆的销售目标是对市场的错误高估。在付出沉重代价之后，比亚迪认识到了错误，迅速进行了战略调整。当务之急是减少库存，未来则要更加保守地对市场进行预测。

但与此同时，王传福表示并不会放弃原定的发展目标，对于在 2025 年实现成长为全世界最大汽车厂商这一目标仍然很有信心。他认为支持比亚迪达成这一目标的，一个是中国经济的飞速发展，中国政府已经在大力推动绿色能源领域的发展，将来也会支持中国企业在电动和混合动力汽车领域的发展；另一个则是对比亚迪在电动汽车领域的投入和储备的自信。王传福认为比亚迪在电池技术领域有很强的知识储备，由 1500 位中国工程师组成的优秀队伍与股神巴菲特的资本，将会协同推动比亚迪达成预设的战略目标。

2011 年 9 月 9 日，比亚迪召开临时股东大会。会上王传福坦率地承认 2011 年是比亚迪的谷底。比亚迪意识到从 2009 年开始犯下的一些策略性错误，比如在汽车业务上过度激进以及一些投资上的失误，并且从 2010 年就开始纠正这些错误。纠错的成本是昂贵的，比亚迪必须自行埋单：“比亚迪 2009 年就犯下错误，现在的裁员和调整是为过去的错误买单。从今年起比亚迪进入调整年，这个调整一是优化管理团队和经销商网络，二是加强品牌设计。”[①]但关于比亚迪的“两个第一”目标，王传福仍选择了坚持。在三年调整期结束后，比亚迪将保证每年20%~30%的销售增长，力争实现2015年中国汽车销量第一的既定目标。

11月，王传福迈出了更为开放的一步。比亚迪专门召开了一个媒体沟通会。会上，面对众多国内媒体，王传福脱稿讲了一个多小时。会后比亚迪还邀请参会媒体参观了惠山和坪山工厂，其中生产动力电池的惠州工厂是第一次对媒体开放。在沟通会上，王传福将比亚迪过去的策略失误总结为“三个错误”：经销商网络建设上的错误、忽视媒体宣传沟通的错误以及对产品品质重视不够的错误。王传福坦承“过去过多地追求经销商数量，忽略了质量”。比亚迪为了确保“每年翻一番”的汽车销量增长目标，将不同车型分为A1、A2、A3和A4四个分网进行销售，各个分网扩张过快而车型开发又跟不上，经销商利益严重受损却无渠道与比亚迪管理层进行沟通，最终导致了2010年经销商大规模退网现象的出现。王传福承诺准备用三年时间优胜劣汰，建立一个健康的经销商网络体系。而第二个错误则和沟通有关。王传福认为比亚迪坚持“技术为王，创新为本”，在模具开发、燃油汽车动力总成研发以及新能源技术上投入巨大，但却未能通过媒体进行有效的宣传。而外界对比亚迪新能源汽车商用化进程以及硅铁战略风险性的疑惑，也同样受到比亚迪疏于对外沟通所致的信息不对称的影响。第三个错误则尤为致命，因为品质是企业的根本。王传福承认由于过于强调产量和销量扩张，比亚迪失去了一个制造企业应该具有的对品质的敬畏之心。王传福拿比亚迪新车三个月内因

① 王传福认错 员工安心 比亚迪进入三年调整期.21世纪经济报道，2011-09-14.

零配件质量问题而被索赔的比率来举例，说比亚迪 F3 的索赔率一度偏高，最高时甚至达到 40%~50%，而合资车企的产品索赔率平均仅为 10%。王传福承诺在 2011 年年底前，“将比亚迪旗下所有产品的索赔率控制在 10% 以内，达到与合资品牌同等的水平”。但说完“三大错误”之后，王传福话锋一转仍继续谈及比亚迪的新能源整体解决方案，太阳能发电、储能电站和电动汽车三大绿色梦想。当然大家都能理解，因为这正是王传福让人又气又不得不赞成的地方，技术梦想有了，就绝不会让步。

王传福以主动承担责任的态度来与外界沟通这一立场，贯穿三年调整期没有动摇。在 2012 年 1 月的底特律车展上，王传福再次对过去发展中的问题进行了反省，认为未来比亚迪不会再“一味追求市场份额”，而要走一条更加注重质量的发展道路。在 3 月的日内瓦车展上，面对英国《金融时报》等海外媒体，王传福也依然没有任何粉饰，坦承比亚迪汽车在发展进程中的确犯下了一些错误。王传福清晰而稳定地向外界传递了比亚迪已经意识到过去的问题所在，并将会对现有的发展模式进行彻底的变革。

对于王传福和比亚迪高层对自己所犯错误的坦诚，舆论反响是正面的。但王传福能不能在三年里让比亚迪重新走上健康的发展轨道，将信将疑的声音有之，彻底否定的声音也有之。一番研究后各路媒体、分析人士发现，王传福说的“三个错误”不仅仅只是销售、宣传和品质改进那么简单，它最后必然要涉及对比亚迪业已成型的发展模式、组织架构乃至企业理念进行一定程度的变革。自我变革是困难的，对于已发展成为一个超大型制造组织的比亚迪而言更是如此。

首先是销售网络问题。比亚迪所采取的分网策略本身并没有问题，因为销售网络达到一定规模肯定是要分类管理的，比如分区域、分经销商类型，当然也可以按照产品类型来分。而按照不同类型的产品建立不同的经销网络，不仅是在汽车行业，在快消品、消费电子等行业里也不是什么新鲜事。但分网肯定要满足一些前提条件。比如，要有足够多的车型能够分给各个分网，让经销商有产品可卖，有钱可赚。比如在 A1、A2 网之后组建的 A3 网，原规划中有多个车型，但最终能销售的只有 G3。整个网络依靠一个车型，而且 G3 定位是 F3 的升级版，销量最好的时候也就是月销五千辆的层级，经销商的压力可想而知。而另一个问题可能就更为重要了：比亚迪如何看待自身与经销商的关系？比亚迪之所以能够脱离市场的实际需求实现了巨大的“销量”，根本上还是在于存在一种由比亚迪主导、经销商处于被支配一方的不对称的产销关系和配套管理体系。也正是基于这种体系，比亚迪的销售部门可以为了完成公司的销量目标对经销商疯狂压库存，而经销商由于其利润要依赖于来自比亚迪的“返利”，也就不得不配合完成压库指标。

而产品品质问题如何解决，恐怕就涉及比亚迪业已形成并引以为荣的业务发展模式是否仍适合新的竞争态势这个根本的战略问题。比亚迪将在 IT 领域里形成的、对象是组装工序相对简单的电池、手机零部件等“小”产品应用到工序更为复杂的“大”产品上了。“人海战术”“人工＋夹具”的半自动生产线、集成式的多线程研发模式、高度垂直整合的研发—制造体制，曾经一直是比亚迪津津乐道的独门武器。这些从 IT 业务移植过来的模式是不是也有短板，过度使用是不是有风险？比亚迪对此缺乏足够的重视，也不大愿意拿出来与消费者、经销商、投资者进行开诚布公的交流。但会思考的不仅仅只有比亚迪。比如有媒体就指出，比亚迪的汽车流水线缺乏精密自动化设备，使得无论是发动机线、仪表线，还是前仓线等线束模块都不得不依赖工人手工，这对产品的质量肯定是有影响的。将大量刚毕业不久的年轻工程师投入技术解构作业中去，的确可以发挥“多线程并行”的巨大优势，但一旦遇到像G6搭载的涡轮增压发动机—双离合器这样的与比亚迪现有技术水平存在代差的“硬骨头”，技术水平更高、精干且富有开发经验的小规模团队反倒更有实效。王传福在剖析比亚迪犯下的三大错误的时候，认为比亚迪在核心技术上获得了新突破，却并没有指出这背后的技术研发模式有没有变革。他在沟通上留下的盲点，就需要外界自己去思索。此外，在高度垂直整合的业务发展模式之下，比亚迪建立了包括众多事业部在内的垂直多层组织架构。比如汽车产业群就包括汽车销售公司、6个事业部，以及汽车工程研究院等其他10个相关部门。但这些事业部门并不是真正意义上的“事业部”，因为并不是独立的利润中心，而是围绕技术、产品抑或职能来运作。这样一来，如果不能在事业部之间形成可与外部市场相当的“准”市场机制，那么事业部无视产品品质而以自身利益为重的弊端就很难被完全排除。

王传福承认比亚迪有一些投资上的失误。媒体和业内人士对此甚是关注，因为投资方向往往就是战略方向，投资选择的时机就是战略行动的时机。对战略方向的把握与实施时机的选择，是成功领导者最重要的能力之一。比亚迪先选择以新能源汽车为发展方向，继而扩大至整个能源产业。其战略的方向符合人类发展的绿色终极理念，因此从长期来看也许并没有什么不妥。问题是进行投资的时机需要精确计算，而不能太过乐观。比亚迪在经历了汽车行业的快速发展以后，开始一改早年的“走一步、看一步”的审慎发展理念，转而扩大投资规模、进入新的产业领域，甚至进入了家电、微型面包车等产业关联度薄弱的领域。过度超前且集中的投资耗尽了比亚迪的资金储备，加大了其对外部资金的依赖，也刺激了比亚迪不得不继续维持其拉动销量的发展模式。

因此，倘若从这些方面来思考，那么比亚迪的遭遇注定是逃不掉，也不是什么坏事情。三年调整期更像是促使人们走出懵懂少年期的大考。通过了，比亚迪才能够继续其进击之旅，总有一天会拥有更牢固的品牌基础、务实的发展战略以及可凌驾于所有竞争对手之上的技术优势。

“三年调整”的成绩单

2012 年 4 月 10 日，距离王传福发表“三个错误”的谈话已过去了 7 个月了。这一天，在北京 JW 万豪酒店，王传福携比亚迪汽车销售公司副总经理高子开等一众高管出现在媒体面前。“一路走来，风风雨雨，曾经犯过错误，但调整中的比亚迪期待第二次腾飞”，王传福选择以直白的认错，来开始长达半小时的脱稿发言，向媒体公布经过近两年的纠错与战略调整所取得的成果。他宣布比亚迪将推出涵盖全系车型的“4 年或者 10 万公里”超长质保措施；坦承“以销量树品牌”是错误的，经历了两年的调整，比亚迪将重新回归“技术为王”的发展路径。从此以后，随着越来越多的信息被公布，比亚迪的危机变革之路愈发清晰了。

2012 年 8 月，比亚迪的 2012 年半年报公布。从表面上看，业绩并不乐观：营收和毛利双双下降，净利润更是降至不足两千万元，减少了 94.1%；如果再剔除来自政府的补贴，那么 2012 年上半年比亚迪已濒临赤字境地。但内行看门道。“成亦萧何，败亦萧何”，成就比亚迪高速成长神话和将比亚迪拉入谷底的，都是汽车业务。2011 年度末，汽车业务占据总营收的比例已达 48%，成为名副其实的支柱业务。2012 年上半年，比亚迪销售了约二十万辆汽车，虽然销量下降了 9.3%，但销售收入却增长了 12.4%。实际导致营收下降的，主要是受全球经济波动影响较大的手机业务和充电电池业务。汽车业务的产品结构自 2011 年就呈现出逐渐向中高端上升的趋势，很显然，王传福推行的纠错和战略调整措施已初见成效，汽车业务已经走出了下滑阴影。

2012 年 8 月，当被问及如何总结两年多来的调整时，王传福说“三大错误”里，销售网络网点缩减到了八百多个，差不多已经调整完了；在媒体沟通方面，现在最核心的技术也请媒体来看；品质方面推出了“四年十万公里”保修政策和 IQS10 品控体系，用数据说话。在技术研发，特别是汽车电子化方面，王传福认为这是抓住用户的一个重要手段。既然乔布斯通过用户体验来开发 IT 产品能成功，那比亚迪通过汽车电子化抓用户体验就应该也能有收获。

说到底，就是要坚定地把用户的体验放在第一位，用户是上帝。

一路走来，风风雨雨，曾经犯过错误，但调整中的比亚迪期待第二次腾飞。虽然王传福此时可能已心静如水，但在两年多的调整期里，要做到力挽狂澜、扭转局面，王传福既要有坚持，也要有所舍弃。

· 全面质量整风运动

王传福于 2012 年 4 月 10 日公布的“4 年或者 10 万公里”的新质保政策，不仅覆盖了比亚迪全系所有车型，也适用于从雨刮到轮胎几乎所有的车身零部件。超长质保是“疯狂的”，因为业内普遍实行的质保标准是“2 年 6 万公里”，即便是日系、德系等以质量保证见长的外资车企的质保期限也难以达到比亚迪所树立的新标准。然而，如果这个严苛的质保标准没有超级过硬的产品质量来做基础，势必会对比亚迪的售后服务体系带来巨大的压力——多 4 万公里的担保，风险成本增加 67%。如果想确保风险成本不变，那比亚迪必须要有一个确保产品全寿命故障率大幅度下降的“金刚钻”。这个“金刚钻”又是什么呢？

2012 年 7 月，比亚迪宣布，已建立 IQS10 水准的 IQS 内部品质评价与管理体系。所谓的 IQS 品质管控体系，是以新车质量调查的数据为主，辅以其他品质管控手法，以降低产品故障和提升产品品质为目标。比亚迪宣布 4 月 1 日以后出厂的比亚迪新车将确保达到 IQS10 水平，也就是“两年内出现影响驾驶的故障不能超过一个”。全系车型达到 ISO10 水平，意味着在新车故障率方面比亚迪将比肩国内主流合资品牌，大大高于自主品牌平均水准。对于 ISO10 的意义和难度，王传福有清醒的认识，“两年内平均小于一个故障，这是一把双刃剑。提出这样一个标准，我们就必须达到，短期来看，是给消费者信心，让消费者对我们的产品放心，长期来看，必须达到这个标准。比亚迪后期的新车会做到 IQS10 以下。”但喜欢较真的王传福才不会止步于 IQS10。他说，比亚迪还要推出一个新的客户满意度指标——CSI 满意度。就是对任何一辆比亚迪新车，在 4 年质保期内至少进行 7 次客户满意度调查，以用户满意度来考核经销商。按照王传福的说法，IQS 和 CSI，一个针对比亚迪的产品，一个面向比亚迪的经销网络，里应外合，全面提升产品与服务品质。

以超长质保、IQS10 为龙头的新品质管控体系要显现其全部能量，需要时间的检验。但看一下比亚迪调整期间推出的新车型以及汽车销售的构成变化，我们也会有一些启示。比亚迪在 2010 年 9 月推出首款 SUV 车型 S6，恰逢品控体系调整的档口。S6 在 2011 年到 2012 年上半年期间，在车市整体低迷的行业背景下，仍取得了月均销量 0.75 万辆，销量逐年攀升的好成绩。2011 年 9 月推出的重磅战略车型、中级车 G6 也达到了月销 4000 辆的良好水平。另一个佐证则是，2011 年全年比亚迪汽车销量下滑，但销售额却有提升。这是因为以前比亚迪卖低价的产品居多，如 F0、F3；现在 10 万元以上的车型的销路也不错，发展更为良性。比亚迪的调整方向是更重视“质”而非“量”，因为有了更为严苛的品质管控体系，比亚迪汽车的“高端化”趋势才得以被加强。

在“四·一零”发布会上，王传福一改往日的技术流风格，开始触及一些“更打动人”的东西。他坦承“比亚迪犯过错误”，在调整期里应“默默无闻去做”，强调靠销量建立起来的品牌不会长久，要以技术和品质为基础才可以。更重要的是，他说品质就是“修身做人”，连人都做不好还做什么产品。王传福充满自信地说：“各位，如果你到我们工厂，你问随便一个工人，哪怕问清洁工，他都知道他的目标是什么。”

王传福意识到产品品质的建设归根结底离不开对人的管理。“人都管理不好，你造什么产品，造物要先改造人。每个人只有把自己管好，才能把产品管好。”高速增长期形成的“销量第一”对比亚迪员工的品质意识侵蚀甚久，要纠正必须要下一番苦功夫。一场自纠自查、重塑品质理念的整风运动，在比亚迪内部进行得如火如荼。比亚迪对全员进行质量管理培训，“换脑子”，让员工“真正发自内心和下意识无目的、无动机地支持你的品质，那才能真正做好，万众一心做品质”。单凭自我反省当然还不行，还要有奖惩分明的制度来约束、引导。王传福以身作则，就像开发铁电池时他冲在技术研发第一线一样，他又成了比亚迪的“首席试车员”。每一款新车的测试车出来以后，王传福都会首个试驾，并撰写体验报告。这个体验报告写的可不是一般意义的试驾体验，他会提各类大大小小的意见，让相关的责任部门限期解决。所以，一旦有新车交给王传福体验，研发、品管等部门的员工会异常紧张。“品质至上”的理念在各个层面的业务流程和组织架构上渐渐渗透。集团层面的周一工作例会，内容和风格与以前大不相同。在各事业部、关键职能部门和工厂的负责人都会到场的例会上，以前是谈扩大销量、扩大产能，现在成了围绕品质转的“找茬大会”：没解决的问题落实整改时间，责任到人，新发现的问题群策群力，寻找解决方案。此外，王传福还提升了品质处的地位，使其成为集团层面直接向王传福汇报的独立品质管理机构。品质处的权限得到了扩充与加强，除了把控车型的产品品质之外，品质处也有权监督销售公司的服务品质，比如售后服务情况。

·让用户和合作伙伴满意

在调整期里，王传福多次提到了乔布斯。王传福说汽车行业太自以为是，一百年了都还是我生产什么消费者就必须消费什么，不是以消费者导向为主。IT行业就不同，比如乔布斯就很聪明，他完全以用户需求为导向去做产品，将用户体验做到极致。王传福因此认为，“用户就是上帝，用户的体验才是汽车制造业需要去遵循的制造价值观”。以用户的需求和体验为导向来拉动比亚迪的销售、研发乃至生产的价值创造全流程，成为比亚迪战略调整的又一个重点。

比亚迪对于经销商网络的发展也不再以规模扩张为首要目标，而是强调服务质量的提升以及比亚迪与经销商之间的健康协作关系。经过长达两年的优胜劣汰，比亚迪的经销商队伍从之前的一千多家减少到八百多家，分为两个子网络。比亚迪从产品品质等方面入手，加大了对经销商的支持。比亚迪将研发、制造、销售纳为一体的品质管理体系让经销商获得了具有与合资品牌相媲美品质水准的产品，以及畅通无阻地与比亚迪决策层交流的双向沟通渠道。与此同时，比亚迪也加强了对经销商服务水平的培育，加强以服务满意度和用户体验为导向的考核，构建具有竞争张力的和谐制造—销售协作关系。CSI 满意度项目通过产品全寿命周期多轮调查，量化了比亚迪与经销商之间在产品与服务质量上的责任区分，让因质量问题的扯皮无处遁身，打消了经销商对超长质保政策对自身利益危害的顾虑，形成了比亚迪与经销商对于品质的共识和基于此的共同利益。

技术和品质是企业发展的基础，但这个基础不是从技术出发就能得来的，还需要从用户的满意度和体验出发来考虑，双管齐下才有保证。也正因为如此，王传福才屡屡拿 IT 同行乔布斯做榜样，“把用户体验作为最高驱动准则，放在产品研发的最高位置，不仅适用于 IT 产品，同样适用于汽车，未来比亚迪的产品研发将围绕这一原则进行”。王传福的这些管理思想对比亚迪的影响全面而深远。

· 回归务实与适度开放

对乔布斯的致敬，反映了比亚迪对技术创新驱动的新理解。2012 年北京车展前，王传福谈到了比亚迪新近研发的三个世界性新技术。一个是遥控驾驶技术，可以帮助用户在车外遥控汽车，方便泊车；另一个是交流充电技术，可以大大简化电动汽车的充电难度；还有一个能量级更大的新一代双模技术，搭载在新推出的“秦”混动概念车车型上。但这些还不是调整期内比亚迪在技术研发、事业发展上获得的成果的全部。

2011 年 9 月，继低端中级车 F6 之后，定位更为高端的第二款中级车 G6 上市。G6 最大的技术亮点在于在配置了多达 58 项的高端电子配置的同时，首次搭载了比亚迪自主研发的 TID 动力总成（涡轮增压 + 缸内直喷 + 双离合变速器）。G6 共四款车型，售价 7.98-11.28 万元，按配置由低到高依次为 1.5Ti 豪华型、2.0L 尊享型、1.5Ti 尊享型、1.5TiD 尊享型（双离合变速器）。自动防眩目后视镜、多功能显示屏、一键式启动系统、行车电脑、疲劳驾驶预警系统等高端电子配置，体现了比亚迪以 IT 领域的技术积累提升用户体验，突出产品的“智能化”特点。比亚迪自主研发的 1.5Ti 涡轮增压发动机 +6 速双离合变速器，最大输出功率可达 153 马力，峰值扭矩达 240Nm/1750~3500rpm。1.5Ti 发动机 + 双离合变速器的成功搭载，使 G6 成为自主品牌中首款搭载此动力组合的车型。比亚迪也透露未来会在全线车型搭载 TID 动力技术，依靠核心技术研发的进步来提升比亚迪的品牌。而在 G6 的上市策略方面，比亚迪运用的仍然是 F3 初入市场时所采取的“分站上市”方式。比亚迪想通过这种经典营销方式，以集中优势力量来精准投放产品，形成与消费者的有效沟通并扩大宣传效果。

TID 动力总成技术研发的成功，昭示比亚迪在燃油汽车领域的研发策略发生了改变：从过去强调“技术分解”“垂直整合”的集成式研发，向同时兼顾“正向、开放”的稳健务实路线发展。从比亚迪公开的信息来看，TID 项目在 2009 年开始转入正式研究，在 6 个月的时间里完成设计开发到样机制造，并进入验证阶段。令人震惊的开发速度，当然得益于比亚迪引以为傲的，一次性可调动大量研发人员、多个研发模块并行的“旧”研发方式的助力。与此同时，对于关键的技术模块，比亚迪则保持开放，选择与国际大牌供应商合作，比如涡轮增压器来自博格华纳，喷油嘴来自联合电子，高压油泵来自玛涅蒂・马瑞利，中冷器和电机则由法雷奥提供。在研发组织上采取“垂直统合”，在核心零部件方面经过均衡考虑，来选择是与优质供应商合作还是自行研发。比如，ECU 发动机电子控制模块和 TCU 双离合变速箱控制模块，比亚迪则从自身 IT 事业部门的实力出发，选择了自行开发匹配。

在电动汽车领域，处于调整期内的比亚迪有两个重大进展：一是有了清晰的商业化路线图；二是在产品性能和技术上又有了显著提升。在商业化方面，2012 年 7 月，王传福表示新能源汽车替代燃油汽车的大方向没问题，但短期内也不宜期待过高。他认为新能源汽车的两个细分领域（私家车和公交车）需要分开来看。虽然有政府采购、少数有超前环保意识的消费者在推动私家车普及，但绝大部分的消费者还是要先比较电动车和燃油车在购买、使用总成本上的差异，这样一来，“推动私家车市场很难”。而公交车领域的机会更多一些，因为出租车和公交车一年就可以跑到四五万公里，这样采用电动车的优势就出来了，所以就可以依靠市场推动。但这也是比亚迪在先后向公用领域、私人用户市场以及国外市场投放了 F3DM、e6 的过程中不断试错，根据市场信息形成的判断。

而在推广新能源汽车概念、培育市场方面，比亚迪也变得日益熟稔，如主动对接“十城千车”计划等国家、地方示范项目和大型活动，并取得了明显的成效。2010 年 5 月，比亚迪首次在深圳投放了 50 辆电动出租车 e6，截至 2011 年 6 月，e6 出租车队累计运营里程达到了 367.6 万公里，单车最长行驶里程突破 13 万公里，整个运营过程电池、整车性能稳定，没出现任何安全事故。2011 年 8 月“大运会”期间，比亚迪作为独家汽车类赞助商，为大会提供 300 台电动出租车 e6 和 200 台纯电动巴士 K9 作为大会用车。这些纯电动巴士在“大运会”结束以后，编入深圳公交行列继续运行。在湖南省会长沙，比亚迪 K9 在 2011 年开始试运行，2012 年又有 100 台 K9 正式投入示范运行。比亚迪通过积极对接深圳、长沙等地方政府的绿色交通规划，实实在在地推动了比亚迪新能源汽车在各地公共交通乃至整个公共服务领域中的应用。

继 F3DM 个人版上市以后，e6 个人版"e6 先行者"采取"分站上市"方式，于 2011 年 10 月在深圳首先上市。这一次，比亚迪对于"e6 先行者"的用户群进行了清晰定位，将目标锁定为具有领先环保理念的精英人士。为满足目标用户群的需求，比亚迪 e6 提供了智能化的电子配置，随车配送充电柜并免费安装，同时开展各种营销宣传活动。"e6 先行者"虽然定位为高端车型，除去国家和地方补贴后售价仍高达 24.98 万元，但市场反应仍然很好。经销商反应，来展厅试驾和电话咨询的客户超出了想象。与定位中低端的 F3DM 的市场反应相比，定位高端车型的 e6 的市场反响更理想一些。稳健的营销策略与全方位的宣传预热，以及基于市场信息的顾客群锁定，对于比亚迪的汽车"高端化"路线的实施起到了积极作用。

除去商用化上的可喜进展，新一代混动汽车"秦"的推出，标志着在新能源汽车产品化领域里，比亚迪的"纯"正向研发再结硕果，取得了与 TID 技术创新比肩的成绩。"秦"双模电动汽车是比亚迪的第二代双模电动汽车，2012 年 4 月在北京车展上首次亮相。相比于第一代双模混动汽车 F3DM，"秦二代"在效率、动力以及节能等各方面都有了显著提升。"秦"的混合动力模块由 110kW 功率高电压、高转速电机与 1.5Ti 涡轮增压发动机、6 速双离合变速器组成，最大功率和最大扭矩分别达到 223kW 和 440NM。二代 DM 系统比一代 DM 系统在驱动效率上提升了7%，使“秦”在电池重量较F3DM减轻一半、电池容量从16kWh降为10kWh的情况下，纯电续航里程仍可达50公里。“秦”的0~100公里加速时间仅为6.9秒，最高时速185km/h，百公里综合使用成本16元，仅相当于2L油的价钱。

战胜危机的力量源泉：中庸与热情

王传福在1995年创立了比亚迪。同年成立的，还有杨致远的雅虎，杰夫·贝佐斯的亚马逊，皮埃尔·奥米迪亚的易贝，等等。旁观者习惯于称杨致远、贝佐斯、奥米迪亚为成功的创业者，认为他们的企业是成功的创业公司。但对于王传福和他的比亚迪，人们就有偏见。很多人认为，王传福早年创业成功了，他就成了个企业家，坐拥一个庞大的制造业帝国。偏见让人们忽略了太多王传福作为一位创业者成长过程中的闪光点。人们应该换个看法——王传福是一位成功的创业者，比亚迪是一家成功的创业公司，从1995年创立比亚迪到现在的二十多年是王传福走过的创业路。

对于创业企业比亚迪来说，所谓的三年低谷期抑或调整期，不过是发展历程中的一个小插曲。对于创业者王传福来说，他需要不断更新自己对自身角色的定位，更新自己的思维方式与做事方法，与周遭进行沟通互动，从而获取更多的动力与灵感。这些恐怕正是作为现代中国商业发展的经历者与观察者的我们最应该去关注的东西。

王传福勇于坦承错误、果敢纠错是让市场恢复对其的信任、对比亚迪未来发展保持乐观的重要原因。两年中，王传福几乎每次在公开场合都会主动谈及比亚迪的战略失误，说得听者也为之动容。推行纠错与变革，涉及缩减不必要的投资，裁员以及调整管理层。裁减冗员在比亚迪看来是必要的，但从外界的角度看则可能有另外的理解，稍有不慎就可能酿成风波事件。2011 年 8 月和 9 月，王传福“铁腕纠偏”，对销售部门和汽车产业群先后进行了两次大规模裁员，压缩了不必要的开支，精减了队伍。为压缩投资规模，王传福宣布了严格的资本支出削减计划，将 2011 年的资本支出控制在 80 亿～90 亿元，2012 年资本支出进一步压缩至 50 亿～60 亿元。但新能源汽车商用化等项目已如箭在弦上，放弃投入意味着前功尽弃。为筹措资金，2011 年 6 月，比亚迪回归 A 股市场，以 18 元 / 股的发行价发行 6400 万股，所融资金投向锂离子电池生产、汽车研发生产基地、汽车扩大品种及汽车零部件建设等 3 个项目；9 月，在临时股东大会上获得授权发行不超过 60 亿元的公司债。面对种种压力，王传福走到前台担当起救火员的角色，表现出了坦承、果敢以及坚韧的特质。

一方面，可以说王传福依然是那个醉心于技术的王传福。即便遭遇了三年的低谷期，也依然没有放弃对技术理念和产业情怀的坚持。在低谷期之前，谈到技术与管理的关系，王传福曾说，因为自己是搞技术出身的，所以喜欢技术与创新，“因此，我们的管理风格也是技术派的，我们的管理人员大部分拥有和我类似的技术背景。他们往往在逻辑上更为严谨，即使转做管理者，他们也可以将自己的工作做得很好。”王传福经常提到两个工程师特质，“工程师往往喜欢研究事物之间是如何联系起来的”和“发现它背后最根本的原理”。这些特质为比亚迪的垂直整合产业和集成式技术研发体系提供了理念基础，也使王传福能够异常冷静、快速地抓住导致比亚迪业务陷入低谷的主要因素，以及这些因素之间的逻辑关系。另一方面，在提出了要以用户体验为中心而不是为研发而研发，让经销商和用户都满意，内部品质整风运动，以及积极与梅赛德斯—奔驰等外部势力相互合作等新思路之后，技术派的王传福恐怕就已经不再是纯粹的技术派，而是在向“技术与管理并重”转换。

王传福为何执着于新能源汽车，以及后来的升级版“新能源三大梦想”？外界并不能够完全理解。2012年6月，国家层面的新能源汽车支持政策《节能与新能源汽车产业规划》终于发布，这对于已经默默打拼、坚定不移耕耘新能源汽车十年的比亚迪来说，是个天大的喜讯。当被问到在规划提出的2015年50万辆新能源车的销量中，比亚迪能占到多大份额时，王传福说看到规划很高兴，以前认为做新能源汽车是为了未来，全力以赴，只要不亏钱就行了，但是，如果能有50万辆的市场规模，比亚迪就能赚钱了。王传福对新能源汽车的执着，有技术派所特有的理想化，与那些更关注现金流、商业价值以及变现速度的“商业派”企业家有很大的不一样。究竟是有些“不赚钱”的技术派情怀好，还是以企业盈利为重好呢？我们相信王传福肯定还是会选择前者，因为这不仅仅是技术家的技术梦想，还牵扯到作为一个中国人的爱国情怀。同样，当被问及“2025年要成为全球新能源汽车销量第一”这个目标时，王传福的回答毅然决然，“现在依然没有改变，也仍然坚信。中国现在是全球最大的市场，又是这么一个聪明、勤奋的民族打造的一个产业，我相信除了第一，第二真是耻辱。我坚信这个第一是属于中国人的，但是属于奇瑞还是比亚迪呢？我认为属于比亚迪的机会更大一些。”

经历过低谷期的历练，比亚迪的发展模式更为成熟。统合与开放，逆向与正向，不再是非此即彼的矛盾对立，开始被融合在一起通盘考虑。早期为人所称道的“人海战术”“人手 + 夹具”的半自动化生产线正在悄然发生改变。汽车工艺装备自动化率已达到 8 成左右。为提升产品的制造品质，比亚迪开始引进更为先进的制造装备，比如，为保证车体漆面饱满亮丽，斥资近亿元引进了 24 台 ABB 涂装机器人，让来参观的同行大为惊叹；比亚迪 2010 年收购了日本荻原的馆林模具工厂，在获得国际水准的模具制造能力的同时，也获得了提升比亚迪模具技术水平的机会。在零部件和技术合作上，博世、PPG、博格华纳等世界级大牌厂商的产品和技术越来越多地出现在比亚迪的汽车上。用户需求的变化迫使比亚迪必须提升品质，而品质的提升又使比亚迪不得不走向更为开阔、更为重视对外合作的道路。品质上升的同时虽然成本也相应上升了，但超出来的部分就形成了比亚迪的品牌溢价。

比亚迪已经做到了将自己定位为系统集成商的位置，在关键零部件和技术方面积极与博世、博格华纳等大牌合作，不再只是从成本最低来考虑，而是更多考虑动力系统的技术先进性与品质稳定性能不能对比亚迪的品牌高端化有实质性的帮助。而在人的方面，比亚迪在发展 IT 业务过程中培养了一支优秀的日本品控专家团队，现在将其中一部分专家分派到汽车产业群，同时还从丰田等外资车企聘请退休人员，引进外国高级专业技术人员来比亚迪出谋划策。

随着比亚迪业务发展模式的不断优化，新的改革议题也开始出现。那就是，对比亚迪的内部组织进行变革的呼声越来越高。比亚迪曾经高度“中央集权”的组织结构开始发生改变。2012 年年初开始，比亚迪开始推行“事业部公司化”改革，推进集团权限下放，让事业部成为独立的经营主体，在事业部之间形成良性的“准市场”竞争关系。良好的内部关系建立在符合国际通行标准的规范与制度基础上。为此，比亚迪首先在IT产业群进行内部控制规范建设，还逐步延伸到汽车产业群。2012年上半年，两个产业群内部控制规范试点的第一阶段流程梳理工作宣告基本完成。

盘点比亚迪的这场由危转安之战，回归“渐进式发展”是其一大亮点。中国改革开放何以在短短几十年里取得如此巨大的成功？推行“渐进式发展”是一个很重要的因素。这一点已被国内外经济学界广泛认同。无独有偶，著名学者彭维刚教授在20世纪90年代末就指出，在市场机制日渐发展但尚不完备的中国，企业要实现从关系导向驱动向市场原理导向驱动的过渡，就不能走极端激进的路子对自己进行“休克疗法”，要坚持“大方向不放松，但两条腿走路”的渐进式发展。比亚迪从激进回归务实，无疑是对中国经济渐进式发展的又一次验证与呼应。

第五章

平台再造：打造开放、竞争的硬核生态

2008 年 12 月，以第一代双模电动汽车 F3DM 上市为标志，比亚迪汽车产业“电动化”转型升级之路正式开启。一路披荆斩棘走来，十年以后的 2017 年，比亚迪已跻身世界新能源汽车制造商前列，新能源汽车销量连续三年居全球第一。从“542”“7+4”再到“33111”，比亚迪的“汽车电动化”战略不断迭代出新，拉动总营收 11 年内翻了近 4 番，从 2008 年的 277 亿元增至 2018 年的 1026 亿元；新能源汽车业务收入从零起步增至 385 亿元，占汽车业务收入的 71%，总营收的 38%。回顾这十年来比亚迪新能源汽车的发展征程，大致可以分为三个阶段：第一个阶段是从 2008 年到 2012 年。这五年里，比亚迪在燃油汽车市场站稳了脚跟，历经 2008 年首款插电混动车型 F3DM 面世、2010 年纯电车 e6 示范运营和电动大巴 K9 下线等标志性事件，迈入电动汽车商用化前期。第二个阶段大致是从 2013 年到 2016 年。这一时期比亚迪以制造插电双模电动汽车为主力，“秦”“宋”等多款畅销双模混动车型相继推出，电动汽车占总营收的比例稳步上升，问鼎全国乃至全球新能源汽车销量冠军。2017 年，比亚迪新能源汽车进入发展的最新阶段。面对“智能网联化”全球汽车发展新趋势，比亚迪不甘人后，确立了以“电动 + 智能互联”双驱动，推动汽车业务进一步升级转型。这段时期比亚迪的汽车发展战略有两个核心关键词：“外开内赋”与“平台化”。“外开内赋”（对外开放、内部赋能）是比亚迪得以实现在不影响燃油汽车业务基本发展态势的前提下，在旧的垂直整合研发制造一体化体系内实现了新能源汽车业务从无到有、逐步壮大，并随着汽车产业结构以及外界竞争态势的变化，从研发制造整体架构、组织架构以及开发思维这三个方面入手，全面推进比亚迪新能源汽车进入“既竞争，又开放”的新局面：将新能源汽车以及关联的动力电池、电子等业务升级成为市场主体，放权赋能，产品既向比亚迪内部销售，也向外部市场销售。

对于新能源汽车未来的不确定性，王传福说：“汽车的电动化只是它的上半场，在下半场将会是更加复杂的竞争以及行业的发展。”2017 年以来，在“对内赋能、对外开放”战略顺利启动的基础上，比亚迪积极布局，在“汽车电动化”基础上叠加“智能网联化”，力求延续上半场先发制人的优势。王传福剑走偏锋，提出要打造一个汽车业界尚未有的以硬件为核心的开放平台，以“智能汽车硬件标准平台提供商”的全新身份，重构比亚迪在“新能源＋智能网联”新趋势下的核心竞争力。

先发优势：新能源汽车擂主比亚迪

· 市场上的高歌猛进

谈到比亚迪的新能源汽车，最为人称道的恐怕就是其在中国乃至全球新能源汽车市场的擂主地位。回顾历史，比亚迪电动汽车起步时期销量增长很慢，2013 年比亚迪电动汽车销量仅为 2000 辆，这一方面是由于产品的稳定性需要提升，另一方面是因为当时用户对纯电动汽车的接受程度并不高，配套设施与政策也不完善。2014 年是电动汽车在中国市场上的第一个“引爆点”。2014 年比亚迪电动汽车的销量大幅增至 1.9 万辆。2015 年比亚迪新能源汽车的销量达到 5.8 万辆，销售收入达到 193 亿元，占汽车业务营收的 48%，这是比亚迪的电动汽车营收首次接近燃油汽车。从 2016 年起，比亚迪新能源汽车销售收入一直高于燃油车，比亚迪已不再是传统汽车企业。比亚迪新能源汽车的销量在 2016 年突破 10 万大关，达到 11.3 万辆；2018 年达到 25 万辆；2019 年 1 月销售新车 4.4 万辆，首次超过当月燃油汽车的销售量。

2018 年新年伊始，比亚迪唐 100 缓缓驶下生产线，正式宣告比亚迪进入了年生产 30 万辆新能源汽车的全新里程。对于传统燃油汽车而言，也许 30 万是一个再普通不过的数字，但相比奔驰等百年汽车企业来说，这个数字对比亚迪这样只有 23 岁的新能源汽车企业而言，意义非同寻常。2018 年前三季度销量已经达到 14.35 万辆。2018 年 10 月比亚迪实现销售新车 46896 辆，同比增长 34%；其中，新能源汽车单月销量再创新高，达 27667 辆，连续 3 个月超过比亚迪燃油汽车的销量，与 2017 年同期相比增幅高达 121%。截止到 2018 年 10 月 30 日，比亚迪新能源汽车总产销突破 450000 辆。从 2015 年到 2018 年，比亚迪连续四年全球新能源车销量第一，全球市场占有率攀升至 13%。在国外市场，比亚迪是中国首家及唯一的一家打入美国和日本等汽车强国的新能源汽车企业，旗下的新能源汽车卖到了 50 多个国家和地区。在国内市场，比亚迪打破了新能源车只能在“双限”城市和有补贴城市销售的局限，已经有超过 50% 的销量来自非限购城市，比亚迪在 13 万元至 30 万元的中高端新能源车市场占了近 70% 的份额。得益于政策支持和比亚迪自主品牌的发力，我国新能源车才得以在汽车行业低增速背景下持续“逆势上扬”。

· 技术与模式的领先

比亚迪在新能源汽车上的不俗表现，首先得归功于对切入市场时机与方式的精确选择。当然，除了精准的“破局之举”，也离不开长期的准备和积累。回顾比亚迪的新能源汽车发展路程，也并未一路平坦。2003 年收购秦川汽车进入汽车行业，王传福声称这是为了将来发展电动汽车所做的准备。以充电电池起家的比亚迪收购一家燃油车企，意图开发用电池驱动的电动汽车——这个逻辑略微显得匪夷所思，但王传福依然淡定地推行他的“新能源＋汽车”发展理念，在攻克燃油汽车各种技术难关的同时，投入人力、物力进行动力电池的研发。2005 年，开山之作 F3 上市，借助 F3 的高性价比，比亚迪的汽车销量一路攀升，到 2009 年，比亚迪超额完成 40 万辆的销量目标。在传统燃油汽车市场开局的过于顺利，降低了比亚迪对前途尚不明朗的新能源车的关注。2010 年，比亚迪将全年销量锁定在了 80 万辆。一味地追求销量而未考虑到合理产能、销售渠道等多方面的限制因素，使比亚迪汽车销量的增长受了很大程度的限制。比亚迪业绩的滑坡，与中国车市整体增长速度放缓、自主品牌生存条件进一步恶化有很大关系，但比亚迪是自主品牌车企中销量下滑最快的一个。大面积铺网的方式和激进的销售政策，促使比亚迪的业绩在 2010 年出现了逆市下滑。随后王传福宣布比亚迪进入三年的调整期，并坦承比亚迪作为汽车行业的新入局者在技术、产品和销售各个环节都有短板要补。客观上来说，在传统燃油汽车业务上遭遇的挫折让王传福意识到单凭充电电池的发展模式在“强手林立”的汽车行业要想取胜未免过于理想化，也更坚定了其对新能源理想的追求。

政策的扶持对新能源汽车的发展是一个正面因素。新能源车的发展较为复杂，牵扯到国民经济的方方面面，在政策的制定、试验与推行上，国家可谓慎之又慎。因此，对于有意进入新能源汽车领域的企业来说，能否在政策明朗之前捕捉到相关信号，做出正确的判断，是尤为重要的。2010 年政府出台《关于开展私人购买新能源汽车补贴试点的通知》，让比亚迪再次坚信政府要大力发展新能源产业、扩大新能源汽车的市场应用范围，更让王传福回归了自己的初心——让燃油车为电动车铺路，而非兵分两路。同年，比亚迪纯电动车 e6 出租车队在深圳投入运营，截至 2011 年年末共有 300 辆 e6 纯电动车投入运营。2011 年“大运会”期间，比亚迪提供 了 250 辆 e6 纯电动出租车和 200 辆 K9 纯电动大巴。国务院在 2012 年、2015 年先后发布《节能与新能源汽车产业发展规划（2012—2020 年）》《中国制造 2025》，逐渐明确了国家层面对新能源汽车的发展定位：“继续支持电动汽车、燃料电池汽车发展，掌握汽车低碳化、信息化、智能化核心技术，提升动力电池、驱动电机、高效内燃机、先进变速器、轻量化材料、智能控制等核心技术的工程化和产业化能力，形成从关键零部件到整车的完整工业体系和创新体系，推动自主品牌节能与新能源汽车同国际先进水平接轨”。 国家的政策最终指向了一个目标：矢志发展新能源汽车，力争经过十年的努力，迈入世界汽车强国行列。新能源汽车在这样的政策导向下进入了新的竞争与发展阶段。毫无疑问，比亚迪对时机的敏锐判断终于得到了丰厚回报——比亚迪新能源汽车从 2015 年开始连续四年稳居全球销量第一。

先发优势让比亚迪得以享受市场份额和国家补贴双重加大的红利，从而能够大规模投入资源，去实现其“领先全球的新能源平台”的定位，去掌握“电池、电机、电控”三大领域的关键技术。一个例子是比亚迪花费巨资打破国外技术垄断，研发成功的具有自主知识产权的 IGBT（Insulated Gate Bipolar Transistor，绝缘栅双极型晶体管芯片）。比亚迪运用 IGBT“中国芯”生产的纯电动客车已在全球范围内实现大规模应用。2018 年 4 月，比亚迪车用 IGBT 模块荣获由全球电子技术领域最大媒体集团 AspenCore 颁发的“2018 年度中国 IC 设计公司成就奖之年度最佳功率器件”称号。“中国 IC 设计公司成就奖”是中国电子业界重要的技术奖项之一，旨在对优秀的 IC 设计公司、半导体器件及 IC 产品进行评选和表彰，是中国 IC 产业的最高荣誉。在 9 月新车“秦 Pro”的发布会上，比亚迪首次公开宣传其自主研发的 IGBT，标志着在继 DM 技术、全新 e 平台等之后，比亚迪又掌握了一项拥有自主知识产权的新能源汽车核心技术。比亚迪已经建成国内领先的汽车 IGBT 全产业链，包括 IGBT 芯片设计、晶圆制造、模块封装、仿真测试以及整车测试。2019 年 1 月，国家科技奖励大会在北京召开，比亚迪的“磷酸铁锂动力电池制造与应用工艺关键技术”获国家科技进步二等奖。在动力电池和 IGBT 这两个新能源汽车关键核心技术上，比亚迪取得了骄人的成就。

全新挑战：新能源汽车大战进入下半场

无疑，比亚迪是全球新能源汽车大战上半场的佼佼者。如果说上半场是围绕产品、关键核心技术以及商用化展开的新能源车企之间的点对点的竞争，那么，这个下半场则是以“智能网联化”为特征，随着具有 IT、互联网基因的新企业纷纷登场，愈发像一场平台化的企业群之间的竞争。单单“技术为王”还不行，还要“平台为王”。未来，“技术”要在平台上才能发展起来，要在平台上才能变现。但平台化竞争与技术竞争有很大的差异，并非具有传统制造基因的企业所擅长。王传福所面临的是前所未有的挑战。

·做“智能汽车硬件标准平台提供商”

2018 年 9 月 5 日，比亚迪首届全球开发者大会在深圳举行。会上王传福宣布比亚迪汽车智能网联开放平台——“D++”开放平台启动。王传福坦言，汽车行业因电动化和智能化这两大变革正迎来新的发展拐点，并乐观地预测到 2035 年汽车行业将全面进入智能化时代。王传福进而表示，智能化的基础是电子化、电动化，比亚迪在燃油汽车、新能源车领域固有的垂直一体化体系优势，将助力于比亚迪转型成为“智能汽车硬件标准平台提供商”，为智能网联开放生态的参与方提供以硬件为基础的基础设施服务。

在当下这个以互联网平台为特征的新经济时代，“无平台，不商业”“平台就是互联网”的意识很流行，使王传福要打造的“硬”平台愈发难以从“常理”来理解。“秦 Pro”开发者版已经正式上市，但以这台车为象征隐于云端的“D++”平台在商业逻辑上究竟意味着什么，王传福的智能网联大冒险又为什么要以这个“硬核”平台来开始呢？值得深入思考的至少有两个方面：第一，汽车行业从“电动化”转向“电动化 + 智能网联化”大局交替之时，王传福如何判断又如何决断？第二，作为比亚迪的智能互联首要举措，“D++”开放平台有哪些主要战略维度？这些维度又如何顺应政策与产业局势，与比亚迪自身的核心资源与能力相连接，从而形成可凌驾于对手之上的中远期优势？

·进入新能源汽车发展新空间

比亚迪在新能源汽车领域的先行一步，为其带来了丰厚回报。经历了2014年的短暂抢滩战后，比亚迪一路势如破竹，到2017年，连续三年蝉联全球新能源汽车销量冠军，全球市场占有率上升至13%，累计销量突破45万辆。市场份额是发展的前提，因此，即便是单纯从规模扩张的过程来看，比亚迪在过去几年里的表现亦是可圈可点，基本实现了从燃油汽车向新能源汽车的平稳过渡。

但在智能网联领域，比亚迪很可能无法再现其在新能源领域的游刃有余。一个表现是，至少在2018年以前，比亚迪对自身在智能互联方面的动向披露不多，与其在技术发展和前瞻布局方面的一贯高调风格迥异。这从其财报可窥一斑：如2015年度财报上有“车联网和智能驾驶逐渐成为汽车产业发展的潮流，汽车智能化将成为汽车产业的重要发展方向。本集团将积极投入布局车联网和智能驾驶领域，打造汽车智能系统、构筑车云互联平台，为用户提供综合智能的驾驶解决方案，给消费者带来更加便利、舒适、安全的驾乘体验”。但这以后，2016、2017年度的财报对于智能驾驶、互联等相关概念就再未提及。至于车“智能互联”尚未出现的2015年之前，则主要是宣传基于传统燃油汽车的功能电子化和应用互联网化。比如2013年度的财报申明，“集团将进一步强化汽车、IT两大领域的协同优势，致力于提升汽车产品的电子化、智能化程度，丰富汽车的互联网应用，推动传统汽车向智能汽车的演变，全面提升消费者驾乘体验”；2014年度的财报则申明，“在传统燃油汽车方面，本集团将继续推行‘智战略’，从智能车联、智能驾驶、智能安全三个方面全面满足用户需求、提升驾乘体验，为消费者带来便利、舒适、安全的用车体验”“将云服务、PM2.5绿净系统、CarPad、遥控驾驶、360度全景影像、HUD夜视系统等集成于汽车产品，为用户提供综合智能的驾驶解决方案”。

比亚迪不再主动“破局”，一个重要的原因是汽车行业的智能网联化转向风暴不期而至，比预想大幅提前。从2015年《中国制造2025》首次将自动驾驶作为我国汽车产业未来重要的发展方向，到2017年《汽车产业中长期发展规划》提出以新能源车和智能网联汽车为突破口，将智能网联汽车提升至顶层设计的高度，变化之快令人咂舌。《汽车产业中长期发展规划》为智能网联汽车发展确定了一系列具体目标，如到2020年中国汽车智能化水平与国际同步，汽车后市场及服务业在价值链中的比例达到45%以上；到2025年中国智能网联汽车进入世界先进行列，新型产业生态链基本形成，汽车后市场及服务业在价值链中的比例达到55%以上。智能互联被迅速提上议程并上升为国家战略，这其中既有前瞻之举，但也有无奈的成分。近十年来，我国政府、产业各界乃至全社会之所以对新能源车寄予厚望，倾斜资源予以扶持，寄望于新能源汽车带动我国汽车和相关产业的持续繁荣，实现对发达国家的“弯道超车”。但经过这几年的发展来看，虽然新能源汽车产业供需规模大增，但核心技术距离国际水准差距仍明显，厂商的产品质量和技术亟待提高，同质竞争加剧产能过剩等问题依然明显。

2015年，也就是比亚迪首次问鼎世界新能源汽车销量冠军以来，《中国制造2025》《汽车产业中长期发展规划》《节能与新能源汽车技术路线图》《智能汽车创新发展战略》等政策相继出台，传递出一个逐渐清晰的共识：汽车以及相关产业的“弯道超车”单凭“新能源”一个引擎已不够用，需要“新能源＋智能网联”的双引擎来驱动。我国新能源汽车技术水平大幅提升，产业规模快速扩大，产业链日趋完善。支持汽车智能化、网联化发展的信息技术产业实力不断增强，互联网产业在全球占有一定优势，北斗卫星导航系统即将实现全球组网。潜力巨大、层次丰富的市场需求为产业发展提供持续动力和上升空间。政策导向的快速剧变，扰乱了汽车产业的既定布局。“新能源”与“智能互联”这两个商业逻辑，其渊源迥异，理念的融合绝不是一条坦途，也不可能一蹴而就。这个根本矛盾表现在产业格局上，就是有更多背景迥异的新旧势力加入“战团”，以及随之而来的企业间更大规模的合纵连横、全新的商业规则竞合以及利益的冲突与碰撞。在这个不期而来的混沌之势下，作为整车厂商后起之秀的比亚迪固然凭借“新能源化”的先行一步有了基础，但能否重现创业以来历次的惊险跳跃，像从手机充电电池到燃油汽车、从燃油汽车到新能源汽车那样，实现向新能源智能互联汽车的惊险一跃？这中间充满了不定之数。一时坊间对王传福如何决断、如何应对充满各种猜测。毕竟“智能”也好，“网联”也罢，从来都不是汽车厂商的强项。

新积分制度的出台也加速了观望者入局的速度和力度。2018 年 6 月国务院法制办发布的《乘用车企业平均燃料消耗量与新能源汽车积分并行管理办法（征求意见稿）》中提到：2018—2020 年度，乘用车企业的新能源汽车积分比例分别为 8%、10%、12%。燃料消耗量积分可以通过结转、关联企业转让、新能源汽车积分抵扣等方式满足要求，新能源汽车积分通过生产新能源汽车或者购买积分满足。比亚迪拥有国内最多的新能源汽车积分。2018 年 4 月 1 日，双积分政策正式落地，2019 年 1 月，新能源积分将开始进行考核，届时重组的积分会成为比亚迪的优质资源。目前，国内自主汽车品牌很多都拥有自己的新能源车型，通过积分的积累或者出售，不仅让其自身拥有利润上的盈余，还可以通过合资方式获得更多的技术支撑和保障。国家的政策支持新能源汽车更加快速地发展，政策的利好促使新能源汽车企业比亚迪进一步发力。与此同时，也想在新能源和智能网联汽车中分一杯羹的造车新势力也跃跃欲试，国外的传统汽车企业也摩拳擦掌抓紧布局。新能源及智能互联汽车市场正式进入“战国”时代。

在全球或者中国汽车擂台上，无论是从资产还是营收规模来看，比亚迪目前还难算得上是重量级的选手。因而比亚迪在汽车市场上的策略也主要是闪电战，比如看准新能源汽车政策补贴和对外资限制的中短期趋势同时国内大型整车厂商尚在犹豫观望中的时机，快速启动研发车型上市，大幅度提高产能，给看似稳固、实际缝隙多出的产业结构多米诺骨牌来一个精准打击。比亚迪等一众纯自主品牌厂商的破局之举当然会有斩获，但那些实力雄厚的竞争对手在他们急速扩大市场份额的同时也得以省去消费者启蒙、市场需求摸底等方面的前期成本，能够挟资本、产品与技术积累诸方面的优势，直接进入“破局者”试错摸索而打开的产业细分领域。这可能会使攻守之势发生一百八十度的大逆转：上汽、广汽等国内汽车集团和丰田、奔驰等各系外资车企（甚至包括吉利＋沃尔沃这个准跨国车企）转入攻势；比亚迪、北汽新能源等“破局者”转入守势；互联网造车新势力如百度等来自 IT、互联网大本营的大型和中坚势力加入战局。

如果不进行彻底的变革，纵有先发优势也难以为继。王传福并不畏惧国内和国外汽车行业的同行，因为他们也只能走比亚迪走过的路——燃油汽车的生意不能丢，那新能源汽车的步子也就只好慢慢来。但来自 IT、互联网领域的竞争者就让人忌惮。要实现与 IT、互联网的竞争者合作共赢，也许只能从学习对方、摸索试探开始。

·继续发展需要“师夷之长”

“师夷之长”等于自加压力，主动克服因惯性而带来的惰性。大规模、标准相对宽松的产品直接补贴，长期而持续的市场竞争优势地位，容易催生企业不思进取、闭关自守搞自我安慰式的“自进化”的惰性。对于比亚迪等供给侧一端来说，创造需求是重中之重。迄今为止的新能源汽车需求的爆发式增长更多来源于财政补贴、牌照发放等“非市场化”举措，而较少受益于更为根本的、消费者自身环保意识的提高。2018 年 2 月，财政部公布《关于调整完善新能源汽车推广应用财政补贴政策的通知》，大幅提升电池能量密度标准，低续航里程新能源车在新政实施后不再补贴。面对补贴红利逐渐减少，依赖财政补贴的新能源车企资金压力陡然上升。财政补贴规模缩减和补贴标准提升的大趋势业已明了，但消费群体是否已经具有足够的意愿来承担这部分“多出来”的环保溢价则不容乐观。

比亚迪的业务发展有一个特点，那就是在开始时往往激进，但之后就会转向渐进式的发展。在这一点上汽车业务也不例外。王传福笃信汽车电动化的大趋势不可逆转，乐观地预测到 2030 年全部汽车将实现电动化。但对于当下纯电与插电混动这两条技术路线如何耦合，王传福无疑是“先混合、后纯电”渐进模式的坚定支持者。所以，即便是到了 2017 年上半年，在各类媒体访谈等公开活动中，王传福仍表示插电式混合动力是中短期内新能源汽车发展的合理选择。2017 年年初提出的“电动·未来”计划意图打造一个从用户价值视角出发，进行价值链协同优化的电动汽车协同生态圈。鉴于登台亮相的十几家参与企业几乎都是供应链各环节的合作伙伴，而且产品的落脚点仍是“唐 100”“秦 100”这样的插电混动车型，“电动·未来”更多是价值链跨环节的协同，而非生态的共生竞争。与此同时，现有新能源领域的排头兵玩法逐渐趋同，跟当年阿里巴巴、京东等电商平台间的竞争有几分相像。于是，各家都有改变自身发展模式的需要，使2017—2018年成为各大车厂频繁换挡的一年。而作为比亚迪这艘巨舰的掌舵人，王传福就需要站到高处一览众山，要有前瞻性，但不能失去务实的精神。

王传福对比亚迪新能源汽车发展的渐进式安排，的确充分考虑了国内新能源市场仍在培育、消费者观念尚不成熟，作为上市企业时刻承受着来自资本的压力且要确保营收盈利等不利条件。种种制约之下，利用发展燃油车和电池储能业务积累的技术、产品与品牌资源与能力，从拥有自有技术优势的磷酸铁锂电池和插电双模产品开始布局，在逐步占领市场、确保现金流持续的基础上，将战略焦点从“卡位”向“核心能力培育”逐步转移，的确有其合理之处。但“渐进”往往也意味着保守与封闭。这方面的例子在国内外比比皆是，比如曾几何时风光无限的日本手机厂商乃至后来的芬兰诺基亚，无不是因为自筑藩篱关起门来搞“自进化”，结果陷入“加拉帕戈斯化”的泥潭无法自拔。作为全球电子消费产品产业链的深度参与者的比亚迪，虽然出于错位竞争的需要在其汽车业务上一直趋向于低成本—集成式研发导向的垂直整合，但对于“关起门来自己搞”的弊端，却也保持了相当的警惕性。

进入2018年，王传福开始在各种场合反复强调，绝不能成为汽车界的诺基亚，要“开放”。从王传福一贯的决断风格来看，把“开放”和“诺基亚”放在一起多少有些暗示，比亚迪要对其汽车业务“开放”进行扩展与升级。那么，为什么要先提开放呢？这是因为，“开放”一般被认为是平台化战略的内在灵魂所在。那么，既然要学习互联网企业的平台化战略，首先就要开放。不过，对于比亚迪来说，

“平台”是个陌生词，但“开放”不是陌生的。比亚迪的“开放”之策早已有之，剑指全价值链创新协同的“电动·未来”计划是“开放”，2010—2012年的三年调整期即已开始进行的内部市场外部化、内部组织架构与业务架构变更是“开放”，乃至2017年开始的全新风范的品牌与企业形象宣传也是“开放”。

“外开内赋”：精准转型，开启新能源汽车竞争新格局

·架构开放：内部业务市场化

比亚迪多年的垂直整合系统给其自身带来了很大的优势，从电机、电控甚至零部件都是自己研发，拥有完整的自主产权。长达二十多年的垂直整合模式曾让比亚迪实现了有效的成本控制，“除了汽车轮胎和玻璃，比亚迪具备了几乎所有核心零部件的自主研发生产能力”。垂直整合的研发制造与销售一体化的模式着眼于成本控制，对于比亚迪主打中低端产品的燃油汽车定位来说算是量身定做；同时，在新能源汽车培育的初期阶段，这一稳定的内部市场机制也能够通过共用基础车型、零部件等方式来减少新能源汽车研发和量产成本。但随着新能源汽车占其汽车销量比例的逐步加大，新能源汽车新车型的各项要求逐渐提高，已远非燃油车的技术储备所能支持，使作为新能源汽车巨头的比亚迪必须坚持开放的发展策略。

王传福表示：“公司目前正在从高度垂直整合、封闭式经营模式中进行战略调整，以加快步伐朝开放、市场化的方向迈进。同时，正在积极和其他新能源整

车厂场进行合作谈判，计划开发新能源汽车核心技术并供应相应产品。”重要举措包括对内、对外两个方面，全方位加大开放度。

王传福在2017年业绩发布会上宣布，公司从2016年开始做零部件业务市场化，计划先在公司内部实行市场化战略，同时也在酝酿推动各个零部件进行分拆上市的计划。预计未来几年，比亚迪会根据业务的情况和政策法规推出零部件业务的市场化，这被业界视为比亚迪动力电池将对其他整车厂开放的信号。我国“十三五”发展规划提出，到2020年新能源汽车要实现当年产销200万辆以上、累计产销超过500万辆，因此未来对于动力电池量的需求将是千亿级别的规模。比亚迪拥有磷酸铁锂电池的独特技术，在国内长期处于领先地位，但长时间的自产自用的封闭式的生产运营，使比亚迪失去了开拓渠道的良好机会。随着三元电池的快速发展，宁德时代等国内优秀的电池厂家的迅速崛起，逐渐成为业内其他汽车企业首选的合作伙伴。比亚迪视动力电池为企业战略核心，为了破解这一难题，比亚迪必须将自己的电池市场打开，并将自己的产品推销出去，形成良性发展轨道。2018年3月31日，比亚迪锂电事业部副总经理在2018珠三角未来汽车供应链创新论坛上表示，比亚迪正在做动力电池业务的剥离工作，预计2018年年底或2019年年初拆分完毕。2022—2023年，比亚迪的动力电池公司会独立上市，这将为比亚迪补回缺失的战略机会，而规模化发展也是比亚迪分摊风险的一种手段。2018年7月5日，比亚迪佛吉亚合资公司正式揭牌。佛吉亚公司是全球领先的汽车零部件科技公司，拥有全球领先的汽车座椅技术，在汽车座椅领域位列全球前三。比亚迪佛吉亚合资公司注册资本为两亿元，比亚迪持股30%，佛吉亚持股70%。合资公司主营业务为开发、生产、装配、销售和交付涵盖汽车整椅、座椅骨架、座椅发泡、座椅面套在内的汽车座椅产品及产品开发服务等。剥离座椅业务意味着比亚迪可以更加聚焦核心业务，更好实现企业的高速发展。王传福指出：“座椅业务的剥离是比亚迪汽车市场化的重要举措，比亚迪将进一步聚焦整车生产，管控成本，提升效益与品牌，巩固行业领先地位。”

比亚迪与其他的车企进行深度合作，开放供应链闭环。在新能源汽车的“战国”时代，比亚迪通过在“电池领域”的优势与“双积分”政策的支持，选择开放供应链闭环，逐渐与国内汽车企业进行深度合作，比亚迪和其他车企之间各取所需。首先是与长城汽车、长安汽车等“局外人”的合作。2018 年 3 月，王传福到访长城汽车。长城汽车需要在新能源领域有所突破，比亚迪需要在传统燃油汽车和动力电池领域有所突破。对于长城这类耗油大户而言，买分可能是短时期内保持企业稳定的快捷措施。充足的积分会成为比亚迪的一大优势，不管是将其卖给长城汽车还是其他企业，均是实质性利好。相对来说，比亚迪在传统燃油汽车上的竞争力不足，可以通过与长城的合作弥补。2018 年 7 月 13 日，长城汽车 - 比亚迪汽车零部件展及技术交流研讨会于长城哈弗技术中心举行。本次推介会，比亚迪集团重点展示了几种“轻量化、集成化、高智能”的汽车零部件产品。除了全新 e 平台外，比亚迪向长城展示了全新的高效、智能、集成的半导体元器件及半导体解决方案。2018 年 7 月 5 日，长安汽车与比亚迪正式签署《战略合作协议暨电池合资合作框架协议》。双方就新能源、智能化、海外市场、共享出行等多个领域，开展从业务到资本层面的全方位合作。早在 2019 年 4 月 17 日，长安汽车就已经和比亚迪汽车在重庆正式签署《联合开发合作框架协议》，确认双方在新能源汽车领域将展开深度合作，共同针对新能源汽车电驱三合一产品的设计、匹配、试验、生产等，完成电驱三合一开发，达到量产批准状态，预计将在2020年搭载长安某款车型上市。此次长安汽车和比亚迪的战略合作暨电池合资合作的签约，意味着双方将联合各自在传统汽车、新能源汽车、智能互联网、共享出行等多个领域的优势资源，开展从业务到资本层面的全方位、深度合作，以实现双方在上述领域的优势互补，达到共赢的目的。

比亚迪还与北汽新能源等“直接对手”合作。2018年3月28日，北汽新能源－比亚迪汽车零部件展主题技术交流会在北京新能源汽车科技创新中心（中国·蓝谷）举行。北汽新能源副总经理陈上华、Franco Bellillo，比亚迪汽车电子事业部总经理罗忠良、动力总成事业部副总经理潘世翼，以及双方负责工程技术开发与推广的相关领导出席了本次交流会。比亚迪和北汽新能源2017年新能源汽车销量之和，在全球市场占比达到17%。2018年2月，北汽集团董事长徐和谊亲自率队到访比亚迪，就合作方向达成高度共识，并积极促成了此次交流会。此次交流会上，双方团队就动力电池、电机电控、动力总成、汽车电子、元器件、车身附件、新能源车底盘等核心技术及关键零部件方面的成果和经验展开深入交流。比亚迪表示，希望与北汽新能源在一站式服务、三电系列产品、智能化汽车电子等方面建立更深入的合作。2018年3月初，由北汽集团、北汽新能源牵头发起的国家新能源汽车技术创新中心（简称国创中心）在京成立，北汽新能源与比亚迪作为核心共建方代表，将共同致力于将国创中心打造成一个世界级新能源汽车技术创新高地。本次交流会使国创中心两大核心共建方迈出了开放共享、深化合作的第一步。

· 观念开放：组织架构改革与品牌再定义

比亚迪的开放是建立在依托自身核心技术对内对的开放，这种开放反过来又会给比亚迪带来新的创新与融合。但赋能之后的比亚迪的想象力到底有多大，取决于其在“软”的领域，也就是思想与观念上的开放能否得以顺利推行。王传福说：“要开放，首先要做到观念上的开放”。比亚迪从封闭的垂直整合战略到开放战略，从王传福种种举措中我们可以看到，作为新能源汽车的领跑者，比亚迪的开放战略其实想做到的是“互利互惠，合作共赢”。为此，就需要首先打破原先垂直统合体系下的大锅饭思想和市场风险意识淡化的状况。2017 年 11 月 23 日，在比亚迪 23 周年庆典上，王传福表示，比亚迪将在内部进行一次大规模的组织结构改革。比亚迪将按照业务划分，打造“业务群 + 业务部”的组织架构，以发挥各团队专业优势。王传福认为这有利于“找到新的盈利点，培育新的增长点”，并提升“比亚迪的组织运作效率和市场反应效率”。将大锅饭变成了小锅饭，王传福把比亚迪切分为乘用车、商用车、云轨、电子、电池五大业务群，赋予每个业务群较大的决策权和管理权，更好地调动团队积极性，更快地应对市场变化。

在观念开放的基础上，品牌理念也跟随一并“开放”。在比亚迪的新能源车品牌设计中，企业名称“BYD”退居幕后，把以朝代命名的“秦”“唐”“宋”“元”等推到台前。比亚迪深入挖掘中国传统文化，以中国元素打造自身品牌。2017 年 4 月 11 日，以“元·梦前所未驭”为主题的 BYD Dreams 品牌盛典在北京隆重举行。在本次盛典上，比亚迪发布了“王朝”系列车型，并向观众展示了“7+4”全市场战略成果。“王朝”系列覆盖轿车、SUV 等细分市场。其中，轿车系主要包括“秦”以及即将推出的“汉”等车型；SUV 系包括“唐”“宋”“元”以及后续的“明”等车型，比亚迪“王朝”系列车型亦将统一“汉字产品标识”。历数中国古代王朝，秦、汉、唐、宋、元、明都是历史上的鼎盛朝代。比亚迪的品牌体现了对中国传统文化的推崇，也寄托了对中国汽车屹立于世界舞台的一种期望。2017 年 7 月，比亚迪发起了“驭 · 见强大中国——比亚迪王朝之旅”大型品牌活动，邀新时代自强者同行，走访中国奇迹工程，见证强大中国变迁，寻求根植于本土的自强精神。这个行动同样能唤起消费者对于中国自主品牌的信心，对自身独特的品牌建设具有巨大推动作用。

比亚迪注重品牌开放战略，在提升品牌知名度的同时，更加注重塑造品牌的美誉度，逐渐向高端品牌迈进。2018 年 11 月 2 日，茅台、格力、海尔、中国联通、恒大、碧桂园、蓝月亮、华强方特、益海嘉里、马可波罗、君乐宝等众多“CCTV 国家品牌计划”发展与创新理事会成员单位高层一行走进比亚迪股份有限公司全球总部进行调研交流。这是继华为、茅台两大行业佼佼者举办盛会以来，比亚迪受邀成为理事会第三届内部交流活动的主办方。在比亚迪走向开放，发力品牌建设的大背景下，这次活动实现了比亚迪和与会成员单位在品牌建设方面的经验交流和合作深化。国家品牌计划的入选标准一共有四条：（1）所属行业是国家支柱性或民生广泛需要的行业；（2）企业及其产品具有高尚品质，能够支撑起国家品牌形象，居于行业领先；（3）有梦想和胸怀；（4）需在中国境内生产和销售，且其品牌认知属于中国。在中国千千万万的大中小企业中，仅有 21 家能够成功入选，可谓是万里挑一。比亚迪与海尔、万达等 21 家企业成功入选“2017 国家品牌计划——TOP 合作伙伴”和“2017 国家品牌计划——行业领跑者”。这对于比亚迪来说无疑是一个大的发展机会，可以更好地提升品牌知名度和美誉度。

硬核平台："比亚迪式"的智能互联汽车生态系统

在当下的互联网新经济时代，提到"商业生态系统"，人们瞬间想到的是以信息技术、互联网为基础的平台型生态系统。在这样的思维定式之下，比亚迪的"D++"硬件平台生态系统成了不折不扣的异类。不过，如果有机会问问詹姆斯·摩尔，大名鼎鼎的商业生态系统理论创始人，他很可能会耸耸肩说："这很有趣！不过，'D++'生态系统在本质上与互联网生态系统并没有什么不同。"对 20 世纪 80 年代大型企业"什么都要自己做"的旧思维不以为然的摩尔，在 1993 年提出了商业生态系统概念。摩尔的主张很简单：一家企业如果想成为"核心"，那么它可以集结一批企业，至于是敌人还是朋友都无所谓，如何协调大家达成自家的竞争目的才是企业应该关注的。

摩尔的理论很有吸引力，因为没有哪家企业不想成为核心。不过，对于具体怎么去做，摩尔比较理想主义，没怎么回答。后来的商业生态系统理论家们只好煞费苦心，努力观察，认真思考。终于在 11 年后的 2004 年，艾安斯迪和利维恩拿出了一个初步的解决方案，即所谓"集体价值创造"理论。按照集体价值创造理论的说法：首先，商业生态系统存在的根本意义在于价值创造；其次，这个价值创造是集体性的，系统参与者"以某种方式"共享生态系统核心资源池（平台也算资源池的一种）内的资源并相互竞合，从而形成比"单打独斗"方式下高得多的价值创造效率；最后，把集体创造出来的价值，按照"某种规则"在参与者中进行分配。

艾安斯迪和利维恩的“集体价值创造”最主要的观点，在于它指出了商业生态系统的竞争力必须基于两个要素：第一，核心资源池；第二，决定参与者接近核心资源、相互竞合以及参与价值分享的“某种方式”与“某种规则”。第一点比较好理解，但第二点艾安斯迪和利维恩也没有说清楚。于是，又出现了另一个哲学之问：我想成为核心企业，很好；不过，为什么别家企业就会心甘情愿听我的指挥，我要他们咋样他们就咋样呢？这个问题的实质就是生态系统或者平台的控制权问题。

商业生态系统不是无主之地。对于提供平台的核心企业来说，提供平台可不是在做慈善，其根本目的在于在为平台参与各方提供共享资源、相互交流的机会的同时，为自身的发展创造机会。得益于中国互联网和电子商务平台的蓬勃发展，对于商业生态系统、平台控制与管理，中国学者的主张非常有特点：第一，核心企业应该也必须承担起商业生态系统管理者的角色；第二，管理与控制既基于“软性”的价值观、范式和商业实践，也需要“硬性”的生态系统内部规则；第三，管控质量的高低将决定商业生态系统和核心企业的发展可能性。

·打造平台核心资源

对于比亚迪来说，“平台化”就是要用互联网的思维，来做传统制造业的事情。要成为行业核心，要带领大家创造价值，那么首先要打造一个能让追随者心甘情愿参与、让挑战者放弃挑战的平台资源池。

王传福有个“技术鱼池论”，与商业生态系统理论对技术资源的看法相得益彰。他说，“比亚迪拥有技术‘鱼池’，里面有各种各样的技术，市场需要时，我们就捞一条出来”。商业生态系统理论家认为，大型平台型生态系统在发展初期的核心技术资源往往由核心企业所创造，随着生态系统规模日益膨大，平台核心技术资源趋向于在核心企业引领下由全体参与者协同创造。换言之，如果没有预先的技术资源储备，制造企业的平台化转型是困难的。比亚迪并不存在这个问题。经过 20 余年的不懈耕耘，比亚迪在自家新能源汽车这个大池塘里，已经培育了几条大鱼，比如：动力电池技术、电动汽车整车集成以及新能源汽车“CPU”—IGBT 技术。所以，企业的竞争归根到底是技术的竞争，有过硬的技术来支撑，策略才能够锦上添花。燃油汽车也好，新能源车、智能网联车也罢，垂直整合也好，平台化也罢，并没有什么不同。对于这一点，王传福有很清醒的认识，表现在其应对智能网联大潮的笃定与稳重上。

在 2018 年 4 月的北京车展上，比亚迪公布“e 平台”战略，并宣布向业内开放共享“e 平台”。2019 年 3 月，在“比亚迪核心技术解析会暨 e 平台媒体沟通会”上，比亚迪相关人士谈到了打造“e 平台”的一个目的：“简单的比喻，我们是想做新能源汽车领域的博世”。所谓的“e 平台”，实质上是一个硬件系统的集合体。比亚迪给这个硬件系统起了个非常直观的名字“33111”。第一个“3”是“驱动三合一”，指的是将驱动电机、电控和变速器进行高度集成。第二个“3”是“高压三合一”，是指将“三小电”（即 OBC——车载充电器、DCDC——直流转换器和 PDU——高压配电箱）进行三合一。第一个“1”指的是通过一块高度集成的 PCB 板，将仪表、空调、音响、智能钥匙、倒车辅助、电动门窗等原本分立的车身控制模块“合十为一”，作为一个集成式车身控制器。第二个“1”则指的是那块搭载了“DiLink”操作系统，同时兼具空调控制、音响控制、信息娱乐显示功能的旋转液晶屏。第三个“1”指的是一块续航时间长、性能稳定的动力电池。通过对上述子系统进行集成化、标准化设计，有几个显在的好处：产品轻量化；整车布局优化；降低能耗；提升续航里程；提升产品迭代速度。这些好处正在为比亚迪所用，已经用在了“元EV”“秦 Pro EV”以及 2019 全新 EV 矩阵之上，转化成了实实在在的产品竞争力。

比亚迪的一个尝试是以“33111”技术资源池为核心，打造一个业内同行共同参与的“e 平台”。比亚迪相关人士透露说，“我们已经跟一些企业在合作，包括传统汽车企业和新造车企业”。据披露，目前，已经与比亚迪就“e 平台”有探讨、有接触的传统车企包括戴姆勒、北汽、长安、东风等。那么，正在运行中的“e 平台”的前景究竟会怎么样呢？比亚迪还没有给出任何具体可量化的目标或者要求。不过，王传福对于“e 平台”这个迈向平台化的新起点充满自信：“打造全新‘e 平台’，要同时吃透新能源汽车全产业链的核心技术，难度之大、门槛之高都是超乎想象。比亚迪也正是集合了数以万计的工程师，十几年自主创新，坚持正向开发，才得以让全新‘e 平台’面世”。

但单纯以“33111”来“捆绑”业内同行，形成一个基于独创技术的平台生态系统，还是有太多的未定之数。因为要打造一个能够创造价值的平台，需要塑造一个独特但靠谱的角色，取得压倒对手的话语权。单单靠“e 平台”跟同台争霸的同行们合作，可行性并不高。不过，若对比亚迪近两年的行动仔细观察，就可见比亚迪在打造硬件平台核心资源池上的三个动向：集成化、智能化、快速迭代。简单而言，就是在自家的硬件产品里不断集成新的技术，通过“硬件 + 芯片 + 应用”的软硬结合的方式来赋予硬件以智能，实现性能快速跃升和技术快速迭代。集成化、标准化和快速迭代看上去是依托于“e 平台”，但智能化才是其迈向未来的指向。

而智能化、网联化，则是以“D++”平台的名义在进行。

·定义自己的角色

生态系统的参与者有权力大小之分，金字塔顶端的是拥有支配权的“核心玩家”，往下是有较多话语权的“主要玩家”，再往下到了中低端就是“普通玩家”。围绕智能网联，有实力的玩家（整车厂商、汽车零部件厂商、智能网联硬件厂商、互联网科技企业）各路势力之间围绕平台控制权竞争。各路势力之间的相对优势起起伏伏，但长远走势很大程度上还是要看谋略有多高明。按照各自的核心资源，核心企业所采取的平台化模式各有不同。比如互联网科技企业主导的自动驾驶技术与商业平台、基于场景消费的电商平台，整车厂商主导的投融型创新研发平台，跨国车企各自的跨产品门类的制造协作平台。

核心企业既在自家的平台上与参与者竞争，也以参与者的身份在别人家的平台上参与竞争。比如说，比亚迪在自家“D++”平台上是核心，但在百度的阿波罗自动驾驶平台上可能就只是主要玩家。因此对于比亚迪来说，与百度的关系所具有的意义，远非表面上的“战略合作伙伴”所能概括。理论上来说，百度可以通过自己在阿波罗平台上的影响力来形成在“D++”平台上对比亚迪的压力，削弱比亚迪对“D++”平台的支配力；看似相安无事的两家企业，却处在了相互倾轧的动荡板块之上。

百度对于自身在智能网联汽车领域的定位强势而鲜明，即具主导地位的自动驾驶系统平台核心企业。2015 年 12 月，百度自动驾驶事业部正式成立，事业部的主要任务是自动驾驶技术研发、生态建设以及商业化，计划三年内实现自动驾驶汽车的商用化（特定场景内的全自动驾驶），五年内实现量产。百度认为汽车无人驾驶即将进入商用化阶段，届时将形成一个千亿元级的全新市场。2017年4月，百度在上海车展宣布 Apollo 计划，要打造自动驾驶领域的“安卓系统”。同年7月，百度推出并开放 Apollo 自动驾驶系统 1.0 版本，支持实现封闭场景下的循迹自动驾驶。2018 年 1 月，Apollo 2.0 版本推出，功能升级为可支持简单城市道路情况下的自动驾驶，开放软件平台、云端服务、参考硬件平台以及参考车辆平台等全部四个功能模块和产品安全服务。2018 年 7 月，Apollo 3.0 版本推出，开始布局量产。Apollo 3.0 将原来的硬件参考车辆平台升级为车辆认证平台，硬件参考平台升级为硬件开发平台，从而强化了对整车厂商、汽车零部件厂商以及无人驾驶核心硬件厂商的控制力度。2019 年 1 月，Apollo 3.5 推出，对软硬件进行了升级并提供了更多帮助开发者加速自动驾驶开发的软件工具。但更吸引人眼球的是随 Apollo 3.5 同时发布的 Apollo Enterprise（阿波罗企业版）。Apollo 企业版提供五个类别的自动驾驶和车联网解决方案：高速场景自动驾驶、自动泊车、小巴自动驾驶以及小度车载 OS 和高精度地图数据服务平台。按照百度的宣传，Apollo 企业版具有快速落地、成本可控、高安全性以及 AI 能力四大亮点，可以帮助车企快速将自动驾驶量产落地。

百度的智能网联平台的发展速度惊人。用不到两年的时间，从 Apollo 1.0 发展到 Apollo 3.5，平台聚集了超过 130 个的合作伙伴和超过 1.2 万个的开发者。以自身的技术研发实力为后盾，百度打造了 Apollo 平台核心技术资源并不断进行迭代，提出了 2019 年实现（特定应用场景下的）L4 级自动驾驶量产以及 2021 年实现完全 L4 级自动驾驶量产目标，为整个 Apollo 生态系统设立了协同迈进的发展目标和方向。通过开放核心技术资源、提供为车企落实各阶段自动驾驶量化目标的承诺，百度获得了对平台主要参与方（整车企业、汽车零部件企业、无人驾驶硬件厂商以及开发者等）的相对支配权，并将之转换为实现商业利益的手段（Apollo企业版）。

比亚迪的智能网联平台有与百度Apollo逻辑相通的地方。比如2018年推出的“e平台”，可以算作比亚迪智能网联平台的核心资源库，而“D++”平台则可以视为对新能源汽车硬件进行“智能化”的协同研发、商用化与价值分配平台。2018年4月，比亚迪在Apollo一周年庆上宣布加入Apollo开放平台，成为百度Apollo第100家合作伙伴；2018年6月，比亚迪在“新一代唐”上市发布会上宣布将全系车型搭载百度Apollo车机地图；7月，百度在百度AI开发者大会上宣布将与比亚迪联合打造开放车辆认证平台，一度被称为中国智能汽车业界的“Wintel”联盟；9月，在比亚迪全球开发者大会上，双方宣布百度将助力比亚迪，在三年内实现L3级别的自动驾驶汽车量产。虽然双方的合作呈加速之势，合作的范围与层次也日益深化，但基本上都是在Apollo的体系规划下进行。换言之，在百度的自动驾驶地盘上挑战百度不容易，比亚迪貌似也没有这个想法。当被问及“愿不愿意自己做一个自动驾驶的系统”时，王传福回答：“我们觉得还是吸取诺基亚的残酷教训，开放一点，因为全球IT的这种精英，这种创新，这种思路，一个车企是没有办法达到的。”

比亚迪的平台化模式实质上是以硬件平台为内层，不断叠加各类型智能与非智能硬件、软件系统与应用的“混合型”硬核平台。这种“混合型”平台虽然在汽车领域是第一个，但在别的领域比如手机等消费电子领域还是可以找到同类，比如大名鼎鼎的颠覆者联发科。联发科独创的交钥匙解决方案将手机的芯片和软件平台进行高度预整合，这样就可以让中小手机厂商有效优化成本，缩短产品从研发到上市的周期。这样联发科的软硬一体“混合型”平台就吸引了众多的中小手机与硬件厂商在平台上进行“外围优化 + 手机硬件设计外观差异化”。比亚迪的平台的确是比联发科的平台更“硬”，但基本逻辑没什么两样。

王传福有自己的打法。比亚迪二十年如一日地打造硬件技术资源池，厚积薄发，现在要做的是摸索出将之开放共享、转化为新竞争优势的方法。如何将与自己有竞争的玩家纳入自己主导的平台，是一个复杂、庞大的工程。王传福说在“D++”平台上，“朋友圈越来越大，目前已经有一百多个企业机构和我们建立了联系，其中百度、腾讯、阿里巴巴、微软等 41 个企业机构已与比亚迪展开了跨界合作，譬如百度阿波罗已经第一个认证了‘秦 Pro’，以后还会大量地使用‘秦 Pro’作为自动驾驶的车型”。除百度之外，比亚迪还与 360 在智能网联汽车信息安全方面展开合作，与速腾聚创（激光雷达研发制造）、地平线（自动驾驶处理器）、主线科技、滴滴、阿里等众多企业展开跨界合作。

“D++”的 41 个合作伙伴比百度 Apollo 的 130 个伙伴在数量上是少一些，但平台的效能评价最终还是要看“变现”能力。Apollo 归根究底是一个 B2B2C 平台。百度要变现，还是得靠整车企业，把 Apollo 系统搭载到电动汽车上卖给消费者才行。比亚迪掌握着与终端市场的接点。因此，对于比亚迪来说，平台化的终极目的依然是卖更多、更好的新能源汽车产品和附加服务给消费者。对此，王传福并没有太多加以掩饰，比亚迪本来就是要卖车、卖硬件、卖服务，跟是否平台化没关系。

比亚迪平台化的侧重点在于协同技术研发和硬件集成，不断迭代发展核心技术资源池，形成对主要竞争对手（其他整车厂商、汽车零部件一线厂商、智能网联关键硬件厂商）在“B 端 +C 端”市场上的优势，将 C 端用户（购买比亚迪新能源汽车和增值服务的消费者）和B端用户（任何有意愿购买比亚迪硬件子系统、平台服务以及解决方案的企业）“拐”到自家的平台上来。从这层意义上来说，对比亚迪的平台控制权构成更大威胁的是硬件厂商，而非百度等软件厂商。因此，比亚迪只有做到在即将到来的“硬件平台大战”中获胜，才能从根本上提升自身在同行的硬件平台和Apollo这样的软件技术平台上的话语权。

·形成集聚效应

从平台的价值创造潜力来看，比亚迪的“硬”平台有相当的发展潜力：（1）当前，智能互联汽车发展还处于初步阶段，所以任何核心硬件目前都还在发展的初期阶段，这些核心硬件乃至于算法、芯片等的“偏硬”或者“软硬一体”开发企业并没有意愿绑定于特定的大企业（整车厂商、互联网企业等），因此，他们会倾向于采取“开源”的硬件平台；（2）汽车行业是一个特别重视整体系统安全性的行业，开发者需要一个经过商业化历练的平台来确保达到上述要求；（3）当众多开发者聚集于一个平台，那么围绕任何一个核心硬件，都会有多个厂商在进行竞争，而这些逐渐商业化的硬件的前途，又取决于已经在这个平台上成功商业化、并被“固化”到平台内的其他硬件；（4）比亚迪通过不断发现并固化这些软件，能不断推动硬件平台的复杂化，并逐渐推动基于该类平台的整车销售，从而进一步实现对开发者的控制和自身销售额的上升，同时，使自身可以逐步参与甚至主导标准的制定。

建好核心资源池和掌握支配权是平台化的第一步。那第二步就是要吸引更多玩家加入、协同创造价值，然后才能收获回报。现阶段比亚迪的“e”和“D++”平台大体是处在第一、第二阶段之间，一边“建核心资源池、争控制权”，一边开始着手吸引各类竞争者加入。现在的“D++”平台看上去更像是一个研发协同平台。它包括“自动驾驶线控平台”和“车应用开发平台”这两个主要的功能模块，前者主要是面向自动驾驶开发企业（主要玩家），而后者则主要是面向智能互联应用的开发者（普通玩家）。简而言之，比亚迪在平台化发展上采取了多层—混合平台的方式，注重由核心资源打造的“e 平台”与侧重于智能化的“D++”平台是第一层次，在“D++”之下又一分为二。如此一来，可以在快速形成平台核心资源的同时，借助交叉效果确保对平台的掌控力，确立平台内资源利用机制和价值分配机制。

在当前阶段，平台本身对参与者的吸引力变得极为重要（平台黏度）。比亚迪之所以高调推出“D++”开放平台，许诺开放多达 341 个的传感器，66 项控制权，并承诺提供包括开发者社区建设、资本服务等在内的多项增值平台服务，意图就在于吸引更多参与者集聚形成网络外部效应，协调参与主体的研发活动形成协同效应，提升研发投入的商品化效率。至于是应该优先吸引大玩家还是小玩家，想必行内行外都心知肚明。既然智能互联汽车市场是一个新兴科技驱动的新生空间，那么最活跃、创造力最强的群体还是来自信息科技、互联网、人工智能等领域的中小创业企业和个人，而非现有的大企业（虽然大企业仍将起到相当大的作用）。因此，无论是对于比亚迪这样的传统汽车整车厂商，还是对于 BAT 一类的互联网科技巨头，如何形成对他们的吸引、影响和控制，事关平台的存亡与发展。

比亚迪宣称“D++”开放平台为开发者提供专用的应用开发工具（SDK 模拟器），拥有良好通用性、兼容性、便利性以及完整性的 API 接口。在平台资源使用和 APP 发布等方面，则采取分阶段开放的策略。这一策略被认为在一定程度上借鉴了战略合作伙伴百度的自动驾驶开放系统。具体来说，1.0 版（基础版）开放 153 个信息类信号和 41 个控制类信号，2.0 版（生态开发者版）开放 29 个信息类信号和 11 个控制信号，而 3.0 版（自动驾驶版本）再增加 38 个信息类信号以及 19 个控制类信号。作为传感器和控制权开放度最高的 3.0 版，可应用于 L2、L3 级的自动驾驶系统开发。在平台“软”的一面，即社交与互动功能方面，比亚迪承诺以“D++”硬件开放平台为核心构筑各类型线上、线下交互平台，满足开发者从开发、测评到营销、寻求资本合作等全生命周期的需求。目前“D++”开放硬件平台主要是 9 月 20 日开始上市的“秦 Pro 开发者版”，在未来的发展规划中计划推出基础版、生态开发者版、自动驾驶开发者版等多个版本，以满足不同类别开发者的不同需求。

通过对其偏硬的平台进行持续的功能集成与迭代升级，比亚迪可以整合各类型参与者进入自身平台，形成对参与者的支配，特别是对中小规模的硬件、软件系统开发厂商与开发者的短期利润有较大影响（硬件需要比亚迪来采购才能创造利润）。成功的“硬”平台化战略将提升比亚迪整车产品、集成化模块、智能硬件以及平台服务的市场竞争力，助力比亚迪开拓新的 B 端市场、创造新的消费需求；同时也将有利于比亚迪变汽车为互联网终端，通过提供物理和虚拟消费场景来帮助互联网、信息服务企业将现有的手机端视频内容、电子商务等应用模式移植到汽车上来，实现合作共赢。

“硬式”平台化：比亚迪智造新思维

长远来看，智能网联模块在新能源汽车整车价值中所占的比例会越来越高。如不迎头赶上，整车厂商在未来将有被边缘化的风险。2018 年，王传福提出要打造“智能汽车硬件平台”，根本目的是围绕智能网联汽车展开协同创新，以其为杠杆来撬动市场。虽然从长期来看，作为整车厂商的比亚迪势必会与来自互联网科技领域的大型企业，围绕智能网联平台的话语权进行竞争。强强相争，最需要的是真正可以依托的核心能力。在中短期内，比亚迪的主要精力仍然是放在平台核心资源打造和吸引中小规模玩家加入平台上。被王传福寄予厚望的“D++”开放平台，核心资源和价值的形成主要还是要靠中小规模的应用开发者。这样，通过有效集聚最具活力的研发活动，比亚迪既可以达成硬件平台销售这样的直接目的，但长远来看更在于以相对较低的成本来发现有市场发展潜力的硬件与应用发展方向，最终提升比亚迪硬件平台在技术与商业上的领先性，形成对其他整车厂商、核心硬件与系统提供商，乃至自动驾驶系统提供商的竞争优势。王传福并不担心开放硬件平台就会失去在价值链上的制高点，相反，他很笃定：“我觉得因为开放才繁荣，包容也能够繁荣。比亚迪的强项就是我们的各个零部件，还有整车的经验。我们现在已经把协议、软件做好，给全球的开发者去使用。我们这种举动是经过公司内部再三讨论的，虽然我们也犹豫过，我们是不是要全部开放，还是我们自己来干。”简言之，王传福寄希望于将“e 平台”和“D++”开放硬件平台打造成未来在与其他合作者进行谈判时可利用的一个重要砝码。

尽管如此，智能互联的棋局还只是刚开始，竞争态势复杂多变，王传福和比亚迪面临的挑战层出不穷。处于变革旋涡之中的比亚迪需要时间，中国新能源汽车需要时间，中国汽车业需要时间。但制造企业本身有其制造思维定式，资本市场对制造业企业很严苛，制造业不能只讲变现，要讲效率，要讲回报周期。作为智能制造新星的比亚迪如果要突破这些歧视与魔咒，就要软硬结合，突破硬目标的软制约，最后可能还是要以人的“开放”为落脚点。这恐怕已经不是品牌宣传或者公关活动所能实现的，不是推销产品而是要销售理念。阿里巴巴的马云倡导和宣传了近十年的新商业文明最终大获成功，我们期待在新能源智能互联汽车的世界里，王传福也能够构筑出一个汽车新文明，毕竟这才是开放硬件平台可以依托的最坚实基础。

第六章

价值至上：比亚迪的政商协作方略

现代商业作为一个有机系统，因和谐共生而多姿多彩。施政的一方以营造良好的经商环境为己任，而经商的一方，也就是企业，也视如何营造良好的政商关系为要紧的议题。比亚迪从一个名不见经传的电池制造商，短短20余年发展成为国内乃至全球新能源汽车产业领军企业、新能源产业的重要参与者。新能源、新能源汽车产业是公认的政策引导型产业，无论是在国内还是在国外。很显然，比亚迪的骄人成就背后有一套独特而行之有效的政商关系经营之道。

尽管如此，外界对比亚迪政商策略的了解甚少，多有偏颇。究其原因，多半是因为王传福在政商关系的经营上比较温和低调，也很少去主动宣传。在王传福口中，企业与国家之间的关系常常被归结为产业报国、对社会的责任，比亚迪也很少像一些明星企业那样执着于借助某些政策宣传自己，抑或试图去对政策施加影响，在行业内形成对自家有利的“软”环境。坊间常拿来形容比亚迪的，往往还是停留在比亚迪业务盈利对新能源汽车补贴的依赖、“以投资换市场”的市场开拓方式等上面。但如果能从比亚迪因执着于新能源车的梦想而进入汽车行业这一路的成长过程看过来，比亚迪在政商协作上的独特之处可见一二。

比亚迪的低调

对政商关系的看法与立场，是一个企业家或者一家企业最为核心的理念维度之一。既然是看法与立场，那自然就有了积极与消极、激进与中庸、开放与封闭等方面的区分；企业家或者企业家群体的政商观的形成是一个渐进式的“干中学”的过程。比亚迪以充电电池起家，用了七年时间成为全球充电电池产业的领军企业。比亚迪在初期强调以技术与工程的创新来提升中国的企业和产业的全球地位，相信企业的使命是以产业振兴来报国，是朴素的“无为”政商协作思想。

而进入汽车产业以后，由于初期焦点主要是在传统的燃油汽车上，比亚迪仍然惯性地延续在电池行业内形成的“无为”思想，以打造高性价比的拳头产品来满足消费者的需求。但随着自身的战略发展方向日益转向新能源汽车以及新能源产业，几经挫折，比亚迪发现如果继续纯粹依靠市场战略，恐怕企业都难以为继，更无从实现新能源梦想。要在商用化进程尚处于起步阶段的新能源汽车领域里生存下来，与既是政策制定者、社会资源调配者，又是大宗产品购买者的政府有良好的互动关系是重要的前提之一。2009 年，比亚迪收购美的客车，获得制造商用车制造资质，2010 年首台电动大巴 K9 在长沙制造基地下线，标志着比亚迪对政商关系协调探索的正式开始。2010 年年末，王传福表示，新能源汽车产业化的瓶颈是政策环境。如果革新能源的命，牵涉的利益很多，光靠企业的力量去打斗是远远不够的。至于该以何种理念为指导，比亚迪仍然强调以产业报国为己任，跟随国家战略，2011 年登陆国内 A 股资本市场后，王传福表示，比亚迪未来想借助 A 股市场的平台来扩大新能源业务的成长，在“十二五”的战略规划里，新能源和电动汽车作为汽车的战略性产业之一，体现了国家对新能源的重视，比亚迪要跟着国家的战略去发展。

至于究竟比亚迪后来做得如何，K9 的销量和市场表现可作为一个有力佐证。在国内，比亚迪电动大巴在深圳、南京、杭州、广州、长沙、武汉、大连等地批量运行，2016 年 K 系列电动大巴销量突破 1.3 万辆，同比增长 162%；在国外，K9 电动大巴是比亚迪打开欧美各国市场的明星级产品。

那么，比亚迪的成功具体是怎么摸索而来的?

首先，由于国内和国外政府的角色与政策的导向不尽相同，因此要分开来去观察；其次，对于企业来说，市场才是其实现自己社会价值的终极舞台，政商策略归根结底还是要服务、协调、有利于它在市场上的竞争，而不能本末倒置；最后，政商策略决策的核心是“政商共识”，因此，在共识变化发展的三个阶段，也就是共识缺位阶段、共识混沌阶段和共识成型阶段，企业所应采取的具体政商策略以及需要配合的市场策略大有不同，这也正是政商关系协调的精妙之处。

在国内：顺势而为，想国家所想

·价值是政商关系的基石

新能源汽车市场化的初期阶段，按比亚迪的发展大致是2003—2007年，也就是从比亚迪进入汽车行业到2008年政府主导的新能源汽车示范项目开始实施之前，整个产业界、政府以及其他社会各界，对于新能源汽车发展的必要性和路径缺乏一个广泛的共识。在这种情势下，比亚迪并没有盲目从众，也没有去拉帮结派搞联盟、推行业标准，而是瞄准实实在在的市场痛点，以开放的平台思想和可信赖的产品技术来建立可控、双赢的企业与政府关系。

·不结盟，走开放路线

一个非常流行但却极易被误用的市场竞争法则是“一流企业推标准，二流企业做品牌，三流汽车拼产品”。姑且不论标准、品牌与产品之间的复杂关系，单单“主导或参与制定标准”这个看似高大上的政商关系策略其实限制条件有很多。诚然，企业主导或者参与行业标准等规则的制定，推对自己有利（或者至少无害）的版本，使之成为政府认可的、具有强制力的标准，如果能够以较为经济的成本做到，而且也能够与自身在市场上的地位相关联，那当然应该去做。但在产品尚未迈入实质性的商品化阶段之时，就启动标准制定的话，恐怕“务虚”与公关宣传的考量就占了太多比重。

同样的道理，在广泛共识尚未真正形成的情况下，“拉帮结派”形成的所谓

“联盟”就不得不以“凝聚共识、交流想法”为最根本的任务，而只能将标准制定、创新协同等功能性的目标后置。在国内电动汽车领域内，先后形成了两个比较有影响力的全国性联盟，2009 年成立的“T10 电动汽车联盟”和 2010 年成立的“央企电动车联盟”。2009 年 7 月，中国汽车工业协会召集一汽、长安、东风、上汽、广汽、北汽、奇瑞、华晨、重汽和江淮等十家巨头，召开了“中国汽车 T10 峰会”，共同签署了《电动汽车发展共同行动纲要》，T10 电动汽车联盟宣告形成。T10 电动汽车联盟还发布了中国新能源汽车发展的技术路线图，倡议逐步由混动过渡到纯电动，并成立了电动汽车工业组和电动汽车标准项目研究组。比亚迪不在 T10 电动汽车联盟之内。但其时恰逢 F3DM 获批，出现在工信部《节能与新能源汽车示范应用工程推荐车型目录（第一批）》之上，成为可获国家贴补的首个新能源双模乘用车。比亚迪表示，轿车类仅比亚迪一家车企入选，这恰恰证明了政府部门对比亚迪新能源汽车的认可。F3DM 成为示范应用工程推荐车型意味着比亚迪树立了一个标准。

2010 年 8 月，由国务院国有资产监督管理委员会倡议由一汽、东风、长安、国家电网、南方电网、南车等十六家央企发起的“中央企业电动车产业联盟”（央电联）成立，设立整车及电驱动专业委员会、电池专业委员会、充电与服务专业委员会等三个专委会。联盟宣布主要任务是“贯彻和执行国家关于电动车产业发展的方针、政策，积极配合和协助国家有关部门开展工作；促进联盟成员电动车技术标准的规范统一，核心共性技术的研发，产业链上下游企业的协调发展；从技术研发、标准设定、知识产权共享、政策研究、产业协调、合作交流等方面组织开展工作”[①]，因此着眼于实质性的产业链营造和标准制定的倾向更明显一些。对于这个电动汽车“国家队”俱乐部，比亚迪同样也无缘加入。对此，比亚迪汽车销售公司副总经理王建钧说：“成立联盟是件好事……这对比亚迪未来的发展不会有什么影响，比亚迪会按照既定的发展路线走。”央电联在2017年11月又成立了车联网专业委员会，并为出席成立活动的近百家“创新合作伙伴”授牌，比亚迪与上汽、一汽、长安、东风、广汽、奥迪中国等车企同行同列。

·价值创造，直击政府需求痛点

对于虽然制度尚“空白”但自己可以发挥积极作用的技术与产品领域，比亚迪的行动方式完全不一样——比如，王传福寄予厚望，认为“可以再造一个比亚迪”的“云轨”“云巴”胶轮轨道交通系统。2019年2月，“云轨”“云巴”亮相央视春晚深圳分会场，在全国人民面前着实表演了一番“未来与科技碰撞”的光影奇幻秀。“云轨”“云巴”被央视春晚相中，在一定程度上也反映了社会对比亚迪2017年以来开拓公共轨道交通系统市场努力的肯定。

“云轨”是比亚迪自主研发制造、拥有完全知识产权的跨坐式单轨铁路系统。“云轨”研发耗时5年、累计投入高达50亿元。2016年10月，第一条试验性“云轨”在深圳坪山建成，举行“云轨”全球首发仪式；12月，首条“云轨”试验段项目在汕头市正式启动。2017年，比亚迪在国内各地展开了凌厉的“云轨”宣传与市场攻势。9月，首个“云轨”商业化运营项目在银川市正式通车，投入商业运营；截至2017年年底，比亚迪已经与安徽省蚌埠市、淮北市，四川省广安市，广西桂林市，吉林省吉林市，湖南省衡阳市等城市就“云轨”项目达成各种形式的战略合作。

① 中国南车：轨道巨头发力无轨电动汽车．科技日报，2010-08-23.

2016 年 10 月，王传福对“云轨”抱以厚望，他表示，像汕头这样的城市中国有两百多个，汕头投资 500 亿元，这市场空间就有 10 万亿元。当然，对“云轨”潜在市场规模的判断，外界有不同的声音，但总的来说，“云轨”理论上可以为比亚迪创造一个规模上万亿元级的轨交市场，在这一点上没有太大的分歧。

“云轨”之所以能够在短期内获得众多地方政府的青睐，根本原因在于王传福把握住了地方政府最需要的。“云轨”有几个非常吸引公共服务建设决策者眼球的亮点。首先，“云轨”是比亚迪以新能源汽车技术为基础向轨道交通领域的延伸，比如搭载了具有高安全性的铁电池动力系统，即使高压供电出现故障，仍然可以借助电池驱动行驶 5 公里以上，确保车辆安全进站。其次，比亚迪对“云轨”拥有完全自主知识产权，掌握了从车辆驱动、电机、电控，到车辆底盘、转向架乃至轨道铺设等贯穿全产业链的核心技术。再次，“云轨”采取地面高架方式铺设，节约地面用地，造价低廉，只相当于同里程地铁的 1/5，建设周期短，只有地铁的 1/3。最后，比亚迪对“云轨”项目采取一揽子整体交付的 PPP 模式，简单而言就是，由比亚迪出面代替政府进行项目融资。

“云轨”的这些亮点直击政府公共交通服务建设的需求痛点。虽然在最初的宣传上，“云轨”被定位为对标国外超大型城市（比如日本东京），疏解一线城市交通拥堵，解决“最后一公里”公共交通服务困局的工具，但事实上最终对“云轨”率先抛来橄榄枝的大多是二三线乃至四线城市。“云轨”作为中运量公共轨道交通系统，目前在国内的主要客户是各中小规模城市。按照对“云轨”持质疑态度的批评者的说法，这些中等规模以下的城市，特别是三四线城市，人口规模增速有限，而且经济基础可能也不是非常雄厚。要获得建设地铁、轻轨的批复往往比较困难，因此，应该主要考虑优化地面交通规划、低建设成本的BRT路面公交系统等来提高公共交通服务的质量与效率。但实际上，任何城市是否要在立体交通体系中纳入“云轨”抑或BRT，都需要从本地实际情况出发，综合考虑各种替代方案。比如，对于已建有完善轨道交通系统体系的一二线城市来说，“云轨”可作为短距离交通的接驳线、加密线；对于三、四线城市来说，“云轨”则可以成为其交通主干线；而旅游城市可能就会青睐“云轨”所具有的独特时尚性，将其作为与风景区地貌风光融为一体的观光线。因此，地方政府是否购买“云轨”，需要的是基于科学系统的可行性研究，而不是预设假设，为利益团体从利己观点出发的游说所左右。

“云轨”背后，隐藏了比亚迪面对“新能源化”下国内公共交通服务市场所要进行的战略升级。比亚迪不再满足于向地方政府推销一两款新能源出租车、公交车，甚至也不是让地方政府购买像“云轨”这样的大型公共交通建设项目，而是要转型做“立体化城市交通解决方案提供商”这样一个新的角色。比如说，在与汕头市达成“云轨”项目以后，2018年5月向汕头市公交系统交付了400辆电动巴士。比亚迪除了延续以前的“投资换市场”“树立示范效应”等策略之外，还积极与地方政府密切协作，制定云轨的地方标准。比如，2018年6月，在比亚迪的三大基地之一的西安，王传福率团出席“云轨”西安市地方标准发布会，与西安市领导一起见证了由西安市政府（质监局、轨道办、建委、工信委、发改委）与比亚迪联合轨道设计施工单位共同制定的“云轨”西安市地方标准的发布。

·在混沌中扩散示范效应

从共识空白或者缺失到共识形成不会一蹴而就，这中间就是让先行企业心惊肉跳的混沌期。之所以说它混沌，是因为大方向大家慢慢都会知道，但具体路径和期限却因为各自的利益纠葛各说各话，围绕话语权混战一片。就发展新能源车而言，2008 年以后，这逐渐成为上升到接近国家战略层面的共识。但王传福清醒意识到并不止一次公开提及，国内新能源汽车的初期发展和市场培育要“按照国家战略来走”，教条式地按照市场规律来只会走进死胡同。然而，国家战略要具体落实成为可执行的发展路线图、产业链布局和扶持政策，中央各部委之间、产业链各端以及行业内的不同参与者之间以及中央与地方政府之间，对于优先发展的产品门类（电动与混动之争）以及技术与行业标准皆有各自的考虑。要集聚共识，需要政府的有效引导、社会舆论的影响，但说到底是要各方博弈。

比亚迪当然不会静观其变，让对手白白抢得先机、掌控主导权。比亚迪所做的，首先是守住深圳、西安等这些在比亚迪常年耕耘下业已形成的“共识高地”，在自家自留地上打造产品并投入试运营，积累应用经验、打造应用示范标杆，形成主场示范效应。特别是在大本营深圳，比亚迪在市政府的支持下，在公共交通领域先后投入纯电动出租车 e6 和电动大巴 K9，将深圳打造成国内乃至全球公共交通电动化独具一格的标杆，成为宣传比亚迪电动汽车技术与应用独创性与实力的名片。

自家地盘稳住了，就要进入别人家的地盘。进入别人家地盘的难处，比亚迪很早就领教到了。比亚迪在 2011 年推出纯电动汽车 e6，但 e6 打入北京和上海这两大新能源汽车消费市场重镇历时两年之久。所以，如果要将自己的新能源汽车销到别人家的地盘，这个城市有没有自己的新能源汽车品牌企业（比如上海有上汽荣威新能源，北京有北汽新能源），这是要首先考虑的。2014 年，是比亚迪决定将战略重心全面转移到新能源汽车上的一年。同年 2 月，在接受第一财经记者采访时，王传福表示："比亚迪需要政府支持，这是必需的"。

2014 年的新能源汽车市场尚在预热阶段，主要的客户仍然是出租车公司、公交公司等公共交通企业，私人用户购买的数量很少，补贴也是以试点城市示范工程的形式由中央和地方两级进行补贴。无论是拿到订单、获得公交集团和客运集团订单，还是获得补贴，都需要获得地方政府的支持才行。为了获得地方政府的支持，比亚迪只得采取"投资换市场"的方式，在各地签署投资合作协议，通过投资办厂建新能源汽车生产基地的方式，进入各地的新能源乘用车市场。比亚迪的投资建厂大网不仅包括天津、南京、武汉、大连等一二线城市，甚至也有一些三四线城市。虽然长远来看产能会有大幅度增加，但这种产能配置方式也是无奈之举；要"守得云开见月明"，投资换市场也不失为明智之举。比如，2014 年 3 月，比亚迪与大连市签署了有关新能源汽车产业合作的协议。协议内容显示，大连市将在 2014—2015 两年间采购 K9 电动巴士共 1200 辆，而比亚迪将在大连投资建设电动巴士工厂，建成后将成为比亚迪在东北地区的首个新能源汽车生产基地。同年 10 月，比亚迪与河北省政府、承德市政府签署了有关新能源汽车的战略合作框架协议。协议列明河北省将对比亚迪纯电动汽车进行大规模推广应用，同时在承德建设比亚迪承德新能源汽车及零部件生产基地项目。该项目计划总投资 20 亿元人民币，设计产能年产 5000 辆纯电动大巴。通过该投资合作协议，比亚迪获得了进入京津冀推广新能源车的快车道。因为就在 10 月 22 日，国家工信部等七部委联合向北京市、天津市、河北省下发了《京津冀公交等公共服务领域新能源汽车推广工作方案》，方案规划在 2014—2015 年期间，在京津冀公共交通服务领域推广两万多辆新能源汽车。

2017年至今，比亚迪在推动“云轨”落地全国各地目标城市的过程中，也采用了类似的策略形式。如前所说，形式虽然类似，但背后的机理还是有很大的区别。首先，比亚迪在“云轨”相关的行业标准、规范等方面改为主动出击，主动联合各类型合作伙伴共建共赢平台；其次，协议内容也往往不是“拿什么换什么”的交换承诺，“投资+合作”的一揽子协议占了很多，在合作方式上有了长足的进步。

到国外：“高开高打”，强势入局

毋庸置疑，比亚迪在海外的政商关系经营从整体上来看，首先服务于其国际化战略目标，其次也要与其整体发展布局相匹配。大体而言，比亚迪在海外的政商关系经营可以按照其国情进行划分，各呈现出独有的战略特色与思维亮点。具体而言，在发达国家市场（比如美国），比亚迪的政商关系经营是从零开始，在试错中寻找美国地方政府对于新能源汽车的需求痛点，最后形成了以“工作机会+环保愿景”促进政商合作的策略核心。而在发展中国家及小型经济体市场（以“一带一路”沿线国家为例），比亚迪的政商关系经营则更多是国内经验的直接输出或者改型输出，大体上是要树立自身“立体全方位新能源交通解决方案提供商”的角色，并围绕这个角色规划产品投放、研发与市场开发策略。

但总的来说，比亚迪在海外的政商关系经营要比其在国内更为积极主动，即“高开高打”，强势入局。

·初来乍到：以实力赢得认可

比亚迪在美国市场的起步，从零排放纯电动大巴开始。与国内情况类似的地方是，对于作为城市公交系统一部分的电动大巴，掏钱买单的往往还是地方政府。但由于电动大巴单位价值较高，售价动辄几十万美元，其购买势必需要提前列入地方政府的开支预算。而美国的政治系统有其自己的特点，即便各地的市长看上了比亚迪的电动大巴，但要获得预算拨款，还需要说服地方议会支持其决策才行。同时，对于电动大巴生产销售资质认证、补贴资金拨付等方面的管理，则往往又涉及联邦政府的专业机构。因此，要叩开汽车强国的大门并持续赢得政府和市场信任，对任何一家中国企业来说都绝非易事。首先，产品要技术领先质量过硬，能够达到联邦专业机构所制定的标准；其次，要消除偏见，赢得当地政府系统关键人物的认可。比亚迪在美国市场可谓一波三折。比亚迪北美总裁李柯曾经说过，“要同时面对市场培育、经营压力、身份偏见这‘三座大山’，比亚迪在美国的打拼不是从零开始，而是从负数开始。”[①]

2010 年，比亚迪宣布在洛杉矶设立北美总部，正式进入美国市场；2013 年 3 月，比亚迪获得加州长滩市 10 辆电动大巴订单，在位于加州南部沙漠之中的兰卡斯特市开如建设美国第一个电动大巴工厂。但看似顺利的开始，背后却是暗流汹涌。同年 10 月，竞争对手以违反劳工法为由状告比亚迪，一时间比亚迪跌入舆论的风暴中。2014 年 3 月，在美国联邦运输管理局（FTA）威胁将停止资金拨付的压力之下，长滩市运输署宣布取消给比亚迪的订单。面对危机，比亚迪的选择是从正面突破，掷地有声地宣布：“如果长滩市再开电动大巴招标会比亚迪会再参加，

① 跨越万里的“比亚迪路”. 人民日报，2017-06-22.

凭借实力再次夺标”。

为了向市场、公众和管理部门证明比亚迪的技术与品质实力，扫清电动大巴在美生产销售障碍，比亚迪宣布接受 FTA 的严苛 Altoona 测试。2014 年 6 月，在经过 116 天、2.4 万公里的“锤炼”后，纯电大巴 K9 成为有史以来首辆通过该测试的 12 米纯电大巴，获得 FTA 颁发的整车生产资质。9 月，长滩市运输署再次进行电动大巴招标，比亚迪以实力优势脱颖而出，不仅夺回了原来的 10 台订单，还获得了 50 台的追加订单，成为当时美国最大的一笔纯电动大巴订单。如比亚迪北美分公司副总裁 Patrick Duan 所感慨，长滩订单得之不易，过程异常曲折，但也让比亚迪更加成熟，拥有了全方位的能力，从生产、品质、法律法规、政府关系方面，真正做到融入了美国市场。通过“长滩反击战”，比亚迪用领先的电动汽车技术和过硬的产品质量赢得了美国政府和美国市场的认可，进入在美国市场的快速成长期。

· 渐入佳境：“零排放 + 创造就业”撒手锏

长滩一役也让比亚迪找到了在美国经营政商关系的需求痛点。那就是，决定新能源大巴订单的政治势力分布与接点，以及他们的核心诉求是什么。这包括当地各层级政府的首脑，立法机构、主要党派及其领袖以及联邦主管机构。对于联邦主管机构，比如联邦运输管理局，比亚迪采取了积极回应遵守其强制性技术与产品标准规范。而对于地方政治势力，比亚迪意识到比亚迪电动大巴可以为他们竞选、获得选民支持带来的两大加分项：新能源交通产品技术理念先进、绿色零排放，电动大巴工厂促进就业、提高社会福祉。

过硬的技术与品质再加上以上两个亮点，以及洛杉矶郡、长滩市同行的先行先试，美国各地地方政府与立法机构对比亚迪电动大巴表现出前所未有的热情，这种热情转化为接踵而至的订单。2015 年到 2016 年短短两年，比亚迪又先后获得了科罗拉多州、华盛顿州交通局、加州羚羊谷运输局等政府客户的电动大巴订单，处于产销两旺之势。2017 年 10 月 6 日，位于兰卡斯特的比亚迪电动大巴工厂竣工，可年产 1500 辆电动大巴，为当地带来近 1500 个就业岗位。在竣工典礼上，包括美国众议院多数党领袖、国会议员凯文·麦卡锡、加州参议院议长凯文·德利昂、洛杉矶郡长凯瑟琳·巴格和兰卡斯特市长雷克斯·帕里斯等近 20 位政要悉数出席。个中玄妙在于，加州是美国空气污染“重镇”，全美空气污染最严重城市排行中加州在前十名中独占七席。治理空气污染，比亚迪的零排放纯电动大巴能为加州助力，帮助加州政治家赢得公众的支持。加州参议院议长凯文·德利昂表示，2017 年加州将投资 10 亿美元，将重污染的车辆（如卡车、巴士）全部替换成零排放的纯电动车。加州政府用这样的信号告诉比亚迪，加州是一块商业开放的沃土。

- **“一带一路”倡议下的政商关系经营：输出国内先进经验**

比亚迪在培育国内新能源汽车市场的过程中，摸索出了一条先以公交电动化培育市场、提高知名度并获得政府支持，条件成熟后启动电动私家车量产，同时扩大新能源汽车核心技术至电动卡车、电动叉车以及“云轨”等更多应用场景的发展思路。总而言之，就是要从单纯的电动汽车制造商转型成为全方位新能源交通方案提供商。这一整套发展思路、实施战略和配套方案，是基于“中国智造”实实在在的先进技术知识的结晶，向与中国国内情况有一定相似性的发展中国家、中小规模经济体成功输出的可能性巨大。“一带一路”倡议为比亚迪将此梦想付诸实施，提供了良好的政策支持与情境设定。

从 2013 年到 2019 年，“一带一路”从理念转化为行动，连点成线到面。这六年也正是比亚迪不断输出其在国内形成的先进技术与经营理念，按照当地的市场需求不断调整形成自身优势的六年。与面对发达国家市场时的选择不同，比亚迪在发展中国家、中小经济体市场上对产品推广的顺序不断进行调整，意图以“云轨”和电动大巴为核心，以公共交通服务为突破口逐步建立并扩大市场，确立比亚迪在各个市场上绿色整体交通服务方案提供商的地位，加速和完善全球化布局。

绿色发展，不仅在中国的发展战略中占据重要地位，更是在“一带一路”国际合作倡议中作为优先战略。随着近六年来“一带一路”倡议在亚非欧的有序布局和实施，比亚迪在国内提出、经过历练日趋成熟的“城市公交电动化”方案，也正从中国走向沿线国际市场，展现来自中国企业的绿色交通智慧与技术魅力。比亚迪与国家“一带一路”倡议紧密配合，充分发挥产业、产品及技术等综合优势，取得了骄人的成就。

2013 年“一带一路”倡议形成，同年比亚迪便已在以色列市场取得硕果——比亚迪纯电动大巴在以色列首都特拉维夫市进行试运营。随后，基于试运营的良好成效，2017 年比亚迪在以色列的首个纯电动大巴订单尘埃落定，17 台 12 米纯电动大巴正式面市。比亚迪在以色列市场的长期深耕，与“一带一路”倡议的要义同步契合，给神秘美丽的中亚大地带去了勃勃生机。

新加坡是最早表态欢迎并支持“一带一路”倡议的国家之一。2016 年年底，比亚迪纯电动公交巴士在狮城开始试运行，引得市民争相体验。2017 年 8 月 9 日，正值以色列建国 52 周年纪念日，新加坡首台纯电动旅游巴士——比亚迪 C9 在当地正式投入运行。目前，新加坡已有超过 230 台的比亚迪 e6 正在运营，未来 4 年预计将增至800台。这股绿色之风吹进新加坡，为推动当地环保事业发展贡献出了一份力量。

践行绿色“一带一路”倡议理念，比亚迪纯电动巴士助建马来西亚的绿色交通梦想。2015年6月，由比亚迪15台纯电动大巴组成的全球最大电动BRT公交系统正式在马来西亚投入商业化运营，为该国公共交通的可持续发展增光添色。马来西亚旅游业发达，环境保护的重要性不言而喻。而比亚迪纯电动巴士的入驻，在助推由城市交通造成的空气污染治理上发挥了积极作用。

作为中国的近邻，韩国与“一带一路”倡议息息相关。2018年4月，20辆比亚迪eBus-7纯电动巴士在济州岛正式投入商业运营。这是比亚迪纯电动巴士首次踏上韩国国土，其将以绿色环保的本色，守护美丽的大自然和当前的蓝天白云。比亚迪纯电动巴士进军韩国，不仅在该国发挥了重要的经济效益，也发挥了巨大的环保效益，强有力地助推着“一带一路”互利共赢建设。

作为“一带一路”沿线国家，印度也追赶着全球电动化的浪潮，携手比亚迪共建“一带一路”绿色发展模式。2017年9月21日，比亚迪正式向印度喜马偕尔邦交付25台8米K7纯电动巴士，标志着印度首支纯电动车队正式投入商业运行。此外，比亚迪2018年初还在印度三度中标，共计斩获290台电动巴士订单。

地处中欧的匈牙利是中国商品进入欧洲的门户。2017年4月，比亚迪在匈牙利电动大巴工厂的开幕仪式正式开启，这是中国新能源汽车自主品牌在欧洲投入生产的首个电动汽车工厂。同年9月，比亚迪在匈牙利生产的首台大巴整车K9UB下线。在丰富匈牙利产业形态的同时，比亚迪助推了新能源产业在该国以及欧洲的进一步发展。

2018 年 1 月，埃及亚历山大省客运局向比亚迪购买 15 台纯电动巴士的订单协议正式签署。在全球电动化背景下，埃及将迎来历史上首批纯电动巴士。此次协议的签署，对埃及新能源交通的推广和可持续发展有极大的推动作用。顺着“一带一路”的方向，比亚迪纯电动巴士的绿色之风正吹向广袤的非洲大陆。

2016 年比亚迪“云轨”“横空出世”，比亚迪同步发力轨道交通国内、国外两个市场，求得相乘相加的协同效果。“云轨”的加入，使比亚迪能以更丰富的产品线来满足更多公共交通服务场景的需求，以绿色全方位交通服务提供商的全新角色出现在“一带一路”沿线国家地区的消费者与公众面前。2017 年 8 月比亚迪的首个“云轨”海外项目花落菲律宾伊洛市，2018 年 5 月，比亚迪“云轨”中标巴西萨尔瓦多市轨道交通项目，合同金额近 7 亿美元，建设一条 20 公里长的跨海观光云轨。根据公开信息显示，全球已经有超过 20 个城市已经或正在与比亚迪洽谈“云轨”项目。“云轨”在海外的发展前景一片光明，正如中国城市轨道交通协会学术委员会执行副主任仲建华所说：“‘一带一路’沿线多个国家，特别是诸如印度、印尼、墨西哥、巴西等发展中国家普遍具有城市人口密度较大、城市交通相对拥堵、财政预算有限（修建地铁成本较高）等特点，非常适合修建工程造价较低、建设周期较短、运量适中的跨座式单轨，比亚迪的‘云轨’有望在这些国家获得广阔的发展前景。”

比亚迪的政商之道：内外有别而理念唯一

为了在市场竞争中能获得政府部门的支持，比亚迪在建立与维系良好政商关系方面形成了一套别具一格的理念与模式。在国内市场和国外市场，比亚迪所走过的道路不一样。在国内市场，作为新能源汽车先行者的比亚迪坚持脚踏实地，以公交电动化为突破口，在促进自身商用车销售并以“云轨”开辟轨道交通新市场的同时，助力公共交通服务和地方经济发展，从根本上来打动地方政府决策者。在发达国家市场上，比亚迪经过艰苦努力也成功摸索出了“零排放＋创造就业”的策略，以此来有效协调与当地政治势力的关系，促进电动大巴等新能源产品国外市场份额由零开始迅速扩大。对于“一带一路”沿线的发展中国家和中小经济体市场，比亚迪则更多是将在国内建立的新能源公共交通解决方案进行输出，通过复制在国内的成功经验来营造在当地的良好政商关系。

比亚迪的政商关系低调，但日趋成熟。它的基础依然是构建在新能源梦想这个能在全国乃至全人类引起共鸣的核心价值观之上。也正因为如此，市场才给予比亚迪这个曾经只相信技术、产品与市场的新手，一个慢慢学习，增加自身在市场以外与政府等更多参与主体一起共创双赢、多赢局面的机会。而比亚迪的市场竞争力，无论是技术的复杂程度还是应用场景的多样性，也因此得到了最大程度的检验。

第七章

步步为营：“比亚迪智造”的国际化之路

比亚迪：声名赫赫的“准”跨国企业

王传福说：“从成立的那一天起，比亚迪就是立足于国际的。如果没有这种国际化的胸怀，我们干不成这样一件事情，而会和大多数企业一样选择坦然接受……”作为一家胸怀世界的中国企业，比亚迪在海外迈出的每一步都意义重大，因为这一切都在重新定义一个名词——“中国制造”。作为一家崛起之中的跨国公司，比亚迪的业务范围由最开始的二次充电电池扩展到今天的 IT、汽车、新能源以及轨道交通四大核心领域。之所以称之为“准”跨国企业，是因为虽然比亚迪目前在海外布局非常广，但是就 2017 年财报显示的来看，其国际营收占全部营收的比例还只有 13%。不过 2017 年国际市场增长幅度很可观，并创历史新高，达到 134 亿元，同比增长 74%。

截至 2017 年 12 月，比亚迪在全球累计申请专利超过 2.2 万项，其中已获授权专利约 1.4 万项。凭借技术优势，比亚迪站在了全球新能源车行业发展的前沿。比亚迪太阳能、储能、新能源车业务已布局全球市场，并以“云轨”项目进入轨道交通领域。在乘用车领域比亚迪新能源车在国内市场处于领先地位，在国际市场上比亚迪电动车已经出口至全球六大洲（除南极洲）的三十多个国家和地区。在储能领域，比亚迪是全球领先的储能解决方案供应商，储能产品已经出口至美国、德国、法国、日本、瑞士、意大利、加拿大、澳大利亚、南非等多个国家和地区。

·欧美、日、韩等发达国家市场

（1）欧洲市场。

2019年1月23日，比亚迪欧洲分公司成立二十周年庆典活动在荷兰斯希丹市举行。比亚迪深耕欧洲市场20年，取得了卓越业绩。从电池起步，现在已经拓展到太阳能、储能、电动车等领域，并在2018年荣获荷兰外商投资局颁发的“投资荷兰杰出贡献中国企业大奖”。比亚迪欧洲是比亚迪在海外的第一个分公司，于1998年进军欧洲市场。比亚迪从电池业务起家，随后迅速拓展到太阳能电池板业务，并于2012年引领电动化出行新模式，核心产品涵盖电动大巴、叉车、出租车，后续还将开展储能及纯电动卡车业务。截至2019年1月，比亚迪在欧洲已经获得纯电动大巴订单总量超过650台，市场份额超过20%，排名第一。

在英国，2018年2月，11辆10.8米比亚迪ADL Enviro200EV纯电动单层大巴车队交付运营商Go-Ahead，投放在伦敦繁忙的153号线路上。2018年6月，比亚迪与英国巴士制造商亚历山大·丹尼斯联手斩获伦敦首个大规模纯电动双层大巴订单中的37辆。在英国，比亚迪的电动巴士份额占到50%以上，在伦敦巴士市场的份额更是超过了90%。

在挪威，2018年1月，比亚迪欧洲首批纯电动铰接大巴在挪威奥斯陆正式投入运营。2018年7月，比亚迪赢得挪威首都奥斯陆42辆18米纯电动铰接大巴订单，加上此前在奥斯陆已投入运营的两辆纯电动铰接大巴，这是迄今为止北欧最大规模的纯电动铰接大巴车队。

在意大利。2018年1月，意大利皮埃蒙特大区宣布，将向比亚迪采购13辆纯电动中巴。2018年8月，比亚迪再次获得意大利帕多瓦6辆12米纯电动大巴订单。

这也是意大利北部文化艺术名城的首批纯电动大巴车队。

在瑞典，2018 年 7 月，比亚迪斩获 24 辆 12 米纯电动大巴订单。这批纯电动大巴将由北欧最大公交运营商 Nobina 运营，预计于 2019 年夏季在瑞典东南沿海省份南曼兰投入使用。此外，比亚迪 2018 年还在葡萄牙、西班牙等国家的多个城市获得 12 米纯电动大巴的订单，助力这些国家打造其首支 12 米纯电动大巴车队。

为了满足业务不断扩大的需要，比亚迪于 2017 年分别在匈牙利科马罗姆市以及法国博韦市建立纯电动大巴工厂。其中，匈牙利工厂已为荷兰客户 Connexxion、Syntus 以及瑞典运营商 Nobina 交付多批纯电动大巴车队，同时还为布鲁塞尔机场集团生产定制化的 12 米机场巴士以及为英国客户生产大巴底盘。比亚迪位于法国博韦市的工厂也向法国多个城市交付纯电动大巴，包括博韦市、敦刻尔克市以及奥尔良市。

（2）美洲市场。

在美洲市场，比亚迪取得霸主性地位。自 2014 年起，比亚迪纯电动客车在美国迅速打开市场后，先后收获到美洲多个国家及区域的重量级订单，尤其是 2018 年斩获美洲史上最大的纯电动大巴订单（巴西 200 辆）。截至 2018 年，比亚迪纯电动客车已经遍布美洲的大部分国家和地区，包括美国、加拿大、巴西、智利等多个国家和区域，比亚迪真正成为美洲纯电动客车市场霸主品牌。

在美国，比亚迪已经占据美国纯电动大巴 80% 以上的市场份额。比亚迪的客户包括斯坦福大学、加州大学洛杉矶分校、长滩运输局、Facebook 等在内的 40 多家美国机构，足迹遍布美国的 30 多个州，累计交付 700 多辆大巴。2013 年，比亚迪在美国加利福尼亚州兰卡斯特市建立了纯电动客车工厂，目前年产能达到

1500 辆。2015 年 9 月，比亚迪入选华盛顿州交通局 800 台纯电动大巴采购清单，成为其最大供应商。2016 年 2 月，比亚迪与羚羊谷交通运输局签订 85 台纯电动大巴订单。2018 年，比亚迪北美分公司和美国旧金山投资公司 Generate Capital 成立合资公司，推出了全美国首个纯电动大巴租赁项目，共同推动了美国零排放公交行业的发展。值得一提的是，比亚迪是北美首个加入工会的纯电动大巴制造商，目前已经为美国当地创造了超过 800 个的优质就业岗位。

在加拿大，比亚迪纯电动客车自 2016 年进入当地市场以来获得多家客户订单，2018 年更是斩获加拿大的一笔纯电动大巴车的订单，购买方是加拿大最大的交通运营商多伦多交通委员会。目前，比亚迪已成为加拿大实现 2040 年全面建成 100% 零排放公共交通的合作伙伴。

目前纯电动出租车 e5、e6 以及纯电动大巴 K9 等多种型号的新能源汽车，已经进入墨西哥、巴西、智利和哥伦比亚等多个拉美国家。2018 年 12 月，智利总统出席了比亚迪交付圣地亚哥的 100 台电动公交车交车仪式。 2014 年，比亚迪与当地合作伙伴签署了在巴西坎皮纳斯市投资兴建铁电池工厂和电动大巴工厂意向书。首期工厂建设投资达两亿雷亚尔（约合 4 亿元人民币）。这是比亚迪在拉美地区投资设立的第一家工厂。在巴西，2018 年 5 月，比亚迪与巴西废弃物品管理公司（Corpus Saneamento e Obras Ltda，以下简称 Corpus）签署 200 辆纯电动卡车订单，并首批交付 20 辆。这是迄今为止拉美地区最大的纯电动卡车订单，也是比亚迪在海外市场斩获的最大卡车订单。

（3）亚太市场。

在亚太市场，比亚迪进入日、韩汽车强国。与欧洲、美国市场一样，日本、韩国也是汽车强国，其本土汽车品牌份额占据九成左右，又因准入标准非常严苛，外国汽车品牌少有立足之地。在亚太市场，比亚迪纯电动客车不但顺利进入马来西亚、泰国等国家，还在日本、韩国两个汽车强国市场得以销售，其产品竞争力不言而喻。

2017 年 12 月 1 日，比亚迪在日本冲绳举行了纯电动大巴 K9 的交车仪式，10 台 K9 正式在日本冲绳投入运营，开创了冲绳公交电动化的先河，这是比亚迪在日本售出的第二批 K9。2015 年 2 月 23 日，5 辆比亚迪电动大巴 K9 抵达日本京都。比亚迪 K9 是首个成功进驻日本的中国汽车品牌。从 2015 年 2 月到 2017 年 12 月，比亚迪一共在日本卖出 15 辆 K9。

2016 年，比亚迪完成了韩国法人"比亚迪韩国有限公司"的成立登记，总部设于韩国济州岛。除了轿车和 SUV，比亚迪与韩国的 Suncore 签订了一项公共汽车合同。根据此合同，韩国将进口 1000 辆比亚迪 K9 电动公共汽车。虽然韩国的电动汽车市场不大，但比亚迪在韩国的销售势头仍被看好，因为比亚迪的电动产品比韩国电动汽车市场的其他汽车品牌商更具经济性。2018 年 4 月 10 日，20 辆比亚迪 eBus-7 纯电动巴士在韩国济州岛正式投入运营，这是济州岛知名景区牛岛的首支纯电动巴士车队，也是韩国规模最大的一支中型电动巴士车队，更是比亚迪在东北亚国家单批交付的最大规模的电动客车车队。

·"一带一路"沿线国家市场

在"一带一路"沿线国家和相关国家及地区，比亚迪主要推广轨道交通、电动车、储能等产品或解决方案，在所在国属于大型基础设施建设或者重大民生工程。比亚迪在众多国家和地区建立了海外网络，包括新加坡、泰国、印度、埃及、马来西亚、叙利亚、伊拉克等“一带一路”沿线国家及其余“一带一路”相关国家。比亚迪在所在国设立销售、研发中心或生产基地，通过一系列本土化策略，融入当地文化与市场，为当地积极创造就业岗位，带来真正的经济效益和环保效益。

以“技术、市场、品牌”为指引

比亚迪的“走出去”历史由来已久，可以追溯到早期电池的外贸订单生产，IT 产品与国际大客户合作；到海外成立办事处、分公司；再到汽车、太阳能产品远销海外，设立 4S 店提供技术与服务培训。比亚迪产品走向世界并加速国际化的进程，是在非常艰难和凶险复杂的国际环境下，历尽千辛万苦最终有所突破的。目前，比亚迪在国外已经构建了相对完善的公共关系网络。纵览比亚迪的国际化进程，比亚迪的国际化也经历了从早期技术含量相对较低，到借新能源汽车崛起之机、独辟蹊径，苦心孤诣经营发达国家市场近十载，继而借“一带一路”以新能源系统解决方案提供商的身份参与全球新能源市场竞争。

· 技术创新：撬动市场的“支点”

秉持“技术为王，创新为本”的比亚迪，走向全球市场的每一步都坚持以“技术”为根本。从创立到 2003 年进入汽车行业，比亚迪将自己定位为以自主知识产权和充分利用中国人力资源优势、靠领先全球的最富有性价比优势的电池产品来赢得国际用户的青睐。比亚迪对技术的执着，打破了国外企业对中国制造企业的“低技术”“山寨”等偏见，比亚迪也因此赢得了国际市场上各类合作企业的尊重。

比亚迪与国外企业在国外的合作协作，也得以从早期的销售渠道合作、OEM 合作发展到资本上的协作、研发上的协作。2017 年 6 月 21 日，比亚迪巴西有限公司与巴西坎皮纳斯州立大学签署合作意向谅解备忘录，计划到 2020 年前，比亚迪将投资 500 万雷亚尔（约合 151 万美元）在该校成立首个海外太阳能研发中心，进行太阳能产品和技术的研究与开发。这是比亚迪在巴西签署的又一重大合作项目。新成立的太阳能研发中心将以创新为导向，加强研发高新技术新能源产品的力度，不断寻求新技术突破，追求能源领域的可持续发展。此外，太阳能研发中心还将促进巴西的新能源技术开发，为当地创造更多就业机会。坎皮纳斯州立大学是巴西科研实力最强的理工科大学之一，在科研方面为巴西做出了巨大贡献，这也正是比亚迪选择与该校强强联手的原因。长期以来，比亚迪在巴西当地，除了以设厂的方式进行技术输入和促进就业外，还与当地政府积极合作，参与支持科技发展项目，并将一定比例的营业额用来支持科技创新和技术研发，实现企业和当地政府的共赢。2017 年 10 月，比亚迪在美国建成北美地区最大的电动大巴工厂，厂区占地约 4.1 万平方米。目前比亚迪已经在全球布局了六个海外工厂，分别是美国兰卡斯特、巴西坎皮纳斯、法国韦博、匈牙利科马罗姆、日本馆林和印度金奈。其中，美国、法国和匈牙利工厂是专业的电动大巴工厂，向欧美当地市场生产销售纯电动大巴。

· 逆向开拓：率先突破发达国家市场

中国的很多科技型企业在进军海外时，由于发达国家对技术与品牌的要求很高，都是从发展中国家开始。比亚迪在 2012 年计划以电动大巴进军海外市场时，考虑到发达国家对城市环保更加重视，并且基于对自身技术的自信，决定先从发达国家开拓市场。欧美市场是汽车产品法规和标准最严苛的区域，他们对汽车的安全、品质、服务等方面的要求非常高。同时，欧美市场对中国企业的贸易壁垒以及中国企业去欧美市场面临的政商环境差异等因素也不可小觑。比亚迪为了拿下欧盟整车认证，是下了一番苦功夫的。欧盟认证和美国认证、日本认证一起构成了世界汽车三大认证体系。比亚迪的国际化思路是先难后易，如果能拿下技术最苛刻、标准最高的市场，剩下的市场就不在话下了。2015 年 10 月 21 日，比亚迪同英国最大的客车制造商 ADL（亚历山大丹尼斯有限公司）签署了高达 65 亿元人民币的合资协议。根据协议，双方将共同生产纯电动客车，其中，比亚迪提供电池与底盘，ADL 制造车身，并共同应对车队的现场维修和保养服务。此次合作的第一个项目是伦敦 51 辆 12 米单层电动客车的订单。这个订单是欧洲最大的电动客车订单，届时，比亚迪的电动动力系统、底盘将与 ADL 车身一起，在 ADL 苏格兰福尔柯克工厂进行组装。比亚迪对英国的投资，来自伦敦交通局的计划——2020 年前，伦敦市所有单层公交车要实现零排放的目标。51 辆 12 米单层电动大巴的订单，是为伦敦打造第一个大规模零排放单层电动公交车队。目前伦敦共有 9000 辆公交车，每日运输客流量达 650 万人次，超过了巴黎和纽约的公交车运输客流量总和。如此大的规模，以及英国良好的投资环境，使比亚迪做出了投资英国 ADL 公司，生产纯电动客车的选择。其实，比亚迪的这一选择还有另外的目的：ADL 是业界公认的在两轴和三轴双层客车设计和制造上的世界领导者，业务范围覆盖英国、中国、新加坡、美国、加拿大等国家。与其合作不仅可获得市场，也可获得技术。比亚迪在欧洲这一世界客车高端市场输出技术和资本，对其品牌的高端化会产生较大的影响。

·品牌自信："比亚迪"定义中国制造

通过中国制造来认识比亚迪，和通过比亚迪来认识中国制造，本身是两个逻辑。在20世纪90年代，中国制造业崛起，"中国制造"的产品一夜之间充斥着全球的商品市场。那时，"中国制造"意味着廉价和劣质。转眼间三十多年过去了。"中国制造"的质量和口碑越来越好。比亚迪刚刚进入海外市场时，欧洲和北美的买家都戴着有色眼镜看比亚迪，比亚迪靠着自己的实力一点一点地在海外市场刷新口碑，让外国人重新认识究竟什么是现在的"中国制造"，也给"中国制造"树立了品牌自信。比亚迪不止在纯电动大巴和纯电出租车领域树立了良好形象，比亚迪的储能产业同样在多年默默努力中树立了"中国制造"的良好口碑。

2018年1月，有着"行业风向标"之称的德国权威调研机构EuPD Research将象征着品质金奖的"2018年顶级品牌"大奖颁给来自中国的比亚迪。此次比亚迪获得的是"2018年顶级储能品牌"大奖。颁发奖项的EuPD Research在业界享有盛誉，主要提供新能源行业的权威市场情报，所颁发的奖项可谓世界储能行业的"风向标"，显示出获奖品牌的强大品质实力。比亚迪此番获奖，主要得益于2017年初发布的全新一代"B-Box"高压版储能系统。这一产品在强手林立的欧洲、澳洲等市场亮相后，势不可挡、大受欢迎。过硬的品质让比亚迪进入了对品质要求十分严格的德国，成为目前为止在储能领域首个获奖的中国企业。和单纯的比拼市场份额、销售总量不同，Top Brand PV奖项是EuPD通过对欧洲新能源产业主流市场国家的安装商、分销商的多层次民意调查和科学分析，选出在产品质量、品牌满意度、品牌忠诚度等多个指标上表现卓越的制造企业。

其实，比亚迪已在储能领域深耕多年，一直是世界储能行业的"元老级"选手，早在 2008 年比亚迪就开始进军储能，特斯拉在 2015 年才发布首款产品。相较于提供单一产品的特斯拉，掌握电池核心技术、自有电池生产线、拥有完整产业链的比亚迪，已经自主研发了大型储能、家用储能等各式各样的储能产品，涵盖各类应用场景。比亚迪已为联合国驻外办公室提供家用储能产品。在大型储能上，先行者比亚迪也布局颇多，已经安装实施的电池储能项目包括张北风光储输示范工程、中广核电站应急电源等多个示范项目。在国外，比亚迪则与杜克能源、美国雪佛龙、RES 等世界知名企业展开合作。在市场覆盖广泛性上，目前比亚迪已为全球提供约 410 MW/450MWh 的储能产品，涉及德国、澳大利亚、英国、意大利、西班牙、中国等多个市场。

以技术创新为驱动力不断追求卓越，使比亚迪这一中国品牌锻造出了“国际品质”。比亚迪正用这种方式改变外界对于中国品牌的印象。从模仿跟随到自主创新，从简单加工到产业链全面覆盖，从低端生产到享誉世界，在中国制造的崛起过程中，比亚迪成了中国品牌的传播者之一。

由浅入深，步步升级的全球化策略

·全球跑：全球布局，深耕市场

比亚迪早期的国际化之路十分艰难。1996 年，王传福发现如果想接触欧美客户就一定要在海外设立办事处。1998 年，王传福决定在欧洲成立分公司，但欧洲如此之大，在哪个国家建立分公司是个难题。因此，王传福派人在欧洲做详细的市场调查，挑选设立分公司的地址。在对荷兰、比利时等一批欧洲国家做完市场调查之后，比亚迪公司给这些国家在广州的领事馆逐一打电话，结果，荷兰领事馆第一个回电话，招商引资最积极。于是，1998 年 12 月，比亚迪在荷兰鹿特丹成立了第一个海外分公司——欧洲分公司。面对如此大的欧洲市场，如何靠有限的资源去开辟一番新天地，同时要解决语言和生活习惯上的巨大差异，难度可想而知。当时到海外发展的中国公司非常少，因此，很多海外厂家都不熟悉中国的产品，对品质要求就更挑剔和苛刻。比亚迪北美总裁李柯在接受《管理视野》杂志访谈时回忆：

"一开始，我们经常去逛'跳蚤'市场，机缘巧合，接触一家德国比较大的经销商，获得一些订单。那时，3 个人白天四处找订单，晚上自己动手包 PVC 膜，然后打包给客户。差不多花了半年的时间，比亚迪欧洲分公司才渐渐步入正轨，国内派驻欧洲分公司的人也开始增加。当时我们在欧洲找客户主要通过展会、杂志和因特网。去参加展会就带着产品目录'扫地摊'，一个摊位、一个摊位地走过去，向采购经理推介比亚迪的电池，观察到对方感兴趣，回来后再发传真。另一方面，欧洲所有的只要是跟电池行业相关的展会我们都参加。有一次，在德国汉诺威的展会上，我们把 11 个展馆全部走了一遍，我们拆开玩具、无绳电话等可能用到电池的地方的电池包，抄下生产厂家的名称、地址等，就是靠这样，慢慢把客户资源积累下来。通过这种'地毯式'的推广，欧洲分公司得以生存并实现盈利。"①

布局全球需要面对海外国家及政府的各种质疑，比亚迪依靠自己强大的技

① 李柯：打造高端、创新、高附加值的比亚迪．管理视野，2018-03-20.

术实力和一种不服输的精神坚持走下来。值得回顾的是在美国的“长滩之战”。2013 年 3 月，比亚迪拿到了美国长滩运输署的 10 台电动巴士订单。没到半年，这笔订单给比亚迪带来了大麻烦。洛杉矶劳工局突然以比亚迪违反美国劳工法，查处比亚迪位于加州的工厂和办公大楼。紧接着，《洛杉矶时报》头版刊登比亚迪欺诈员工的不实消息，与此同时，洛杉矶工会组织 LAANE 和民众到比亚迪洛杉矶总部游行示威并“要求比亚迪滚出加州”。比亚迪的竞争对手及其背后的政客也向美国政府施压，要求美国政府取消比亚迪的巴士订单。迫于压力，美国长滩运输署董事会不得不宣布取消比亚迪的这笔订单。比亚迪一时之间陷入困境。但真金不怕火炼，在经历了 116 天的波折之后，比亚迪的纯电动大巴 K9 成为全球首辆通过 Altoona 测试的 12 米纯电动大巴。2015 年 4 月，比亚迪不仅保住了之前的 10 台电动大巴订单，并且又获得了 50 台的追加订单，创下了当时美国最大纯电动大巴的订单纪录。从差点被“赶出去”，到如今，全美最大纯电动大巴工厂的落成，赢得美国政府的盛赞，几乎所有美国主流的公交运营商都乐意与比亚迪合作。这是比亚迪的胜利，也是中国制造向高端智造转变的胜利。“全球跑”的比亚迪，通过全球布局和深耕市场一次一次地打破了在海外的销售记录，让比亚迪的足迹遍布了全球 6 大洲、50 多个国家和地区的 300 多个城市。

·全球造：本地化生产和经营，融入当地社会

除了高品质赢得市场之外，在战略上，比亚迪采取了自主建厂，实现本地化生产的海外长期发展战略。对于汽车厂商开拓海外市场而言，此战略可以说是最佳方式，不仅可以降低成本，还可规避整车出口的高税率，同时，海外售后服务也将更加容易，不会再出现鞭长莫及的难点。目前，比亚迪在美国、巴西、匈牙利、法国等多个国家都拥有海外独资工厂，其研发制造的纯电动大巴已在全球各地扎根，成了具有全球影响力的中国制造品牌。

比亚迪欧洲分公司是比亚迪在海外的第一个分公司，于 1998 年进军欧洲市场，从电池业务起家，随后迅速拓展到太阳能电池板业务，并于 2012 年引领电动化出行新模式，其核心产品涵盖电动大巴、叉车、出租车，后续还将开展储能及电动卡车业务。比亚迪在欧洲已获纯电动大巴订单总量超过 650 台，市场份额超过 20%，排名第一。为满足业务不断扩大的需要，比亚迪于 2017 年分别在匈牙利科马罗姆市以及法国博韦市建立纯电动大巴工厂。其中，匈牙利工厂已为荷兰客户 Connexxion、Syntus 以及瑞典运营商 Nobina 交付多批纯电动大巴车队，同时还为布鲁塞尔机场集团生产定制化的 12 米机场巴士以及为英国客户生产大巴底盘。比亚迪位于法国博韦市的工厂也向法国多个城市交付纯电动大巴，包括博韦市、敦刻尔克市以及奥尔良市。比亚迪在英国更是取得了骄人的业绩。与英国最大的巴士制造商亚历山大・丹尼斯（ADL）联手合作，现已占据英国 60% 纯电动大巴市场，并在 2018 年斩获伦敦首个大规模纯电动双层大巴订单中的 37 台。2018 年 9 月，中国第一款高度模块化的纯电动巴士——比亚迪 12 米纯电动大巴在德国汉诺威 IAA 展会上全球首发。在这次展会中，比亚迪全球首发的两款纯电动巴士（一款为 12 米纯电动大巴，另一款为 18 米纯电动铰接大巴）都是“欧洲制造”，且搭载了“智能监控和诊断系统”“电池热管理系统”和“智能配电管理系统”等一系列高科技。比亚迪 2010 年进军巴西市场，2014 年 7 月宣布在圣保罗州坎皮纳斯市投资建设纯电动大巴及铁电池工厂，这是该公司在拉美地区开设的首个工厂，体现了其扎根拉美市场的雄心壮志。2015 年 5 月，与巴西大巴车身厂商马可波罗合作，生产校园巴士，同时宣布在坎皮纳斯市建立太阳能工厂。2015 年 7 月，首批 10 台纯电动大巴在坎皮纳斯市上路运营。此外，其纯电动出租车 e6 也被当地作为警车使用。2017 年 4 月，太阳能和电动巴士底盘工厂竣工投产，为当地创造五百多个优质就业岗位。

2018 年 5 月 21 日上午，比亚迪宣布与巴西废弃物品管理公司 Corpus Saneamento e Obras Ltda 签署 200 台纯电动卡车订单，并首批交付 20 台。这是迄今为止拉美地区最大的纯电动卡车订单，也是比亚迪在海外市场斩获的最大卡车订单。“早在 2016 年 10 月，我们就购买了首台纯电动卡车，首次尝鲜，效果不错！试运营取得良好效果，民众非常喜欢。比亚迪的绿色环保理念与 Corpus 的节能减排目标不谋而合。而本次购买的 200 台卡车，也让我们成为拉美地区首个拥有如此大规模纯电动环卫车的公司，我们非常骄傲！”Corpus 总裁 Andre Valente 表示。对此，王传福则表示：“卡车的排放和噪音问题已成为影响城市环境的重大问题，比亚迪先进的电动技术和产品可以帮助解决这些难题，并改善气候变暖问题。Corpus 是一家具有前瞻性眼光的公司，他们看到了电动车的未来。我们联手打造拉美地区新能源示范项目，给巴西带来真正的零排放。”①

从引入纯电动大巴和出租车，到为当地建设工厂创造就业岗位，再到如今引入纯电动卡车，比亚迪在巴西市场的发展可谓稳扎稳打，而巴西亦成为拉美首个将比亚迪绿色产品全面落地的国家。在不久的将来，将会有更多拉美国家和城市选择比亚迪绿色产品。

---

① 200 辆 21 吨级电动卡车，比亚迪纯电动卡车海外市场最大订单诞生．搜狐汽车，2018-05-21.

·全球雇：不拘一格，全球招贤纳士

自从与奔驰－戴姆勒合资之后，比亚迪就在不断引进外籍人才。虽然比亚迪有自己的研发团队，但很多方面短时间内无法做到国际顶级水平，这也是整个中国车企的现状。为了快速提高品质，比亚迪选择借助全球在汽车各技术领域最强的人才。比如底盘，德国汽车企业的技术积累最为深厚，比亚迪就请来了德国前奔驰底盘专家 Heinz Keck；在造型方面，经过两年的时间找寻，比亚迪成功邀请到前奥迪设计总监沃尔夫冈·艾格的加盟，他在业界的名望很高，在奥迪的设计代表作有 TT 跑车、奥迪 A6 和 A3 等；在车身方面，日本的车企一直领先，比亚迪在日本的分公司和在深圳总部的研发团队有近 120 名日本技术人员，对车身的设计、轻量化、模具制造和品质管控不断进行优化。目前，公司共有约 200 名外籍技术人员，从设计、底盘、模具、品质等方面打造比亚迪汽车的综合实力。这些掌握了精湛技艺的外籍人员，让比亚迪领悟到国际领先车企为何能打造出高质量汽车的秘诀。比如公司请来的德国底盘专家 Heinz Keck，为了营造出舒适感与运动感的最佳组合，在调校减振器时，根据汽车过减速带等障碍物时的各项技术指标，通过调整阀片的组合，对阻尼进行了 100 多次调整，而比亚迪以前的做法一般是调 20 多次。在引进这些外籍人才的同时，比亚迪还与海外 40 多家公司合作，2017 年还在洛杉矶设立了研发中心，目前已有 50 人的团队。之前比亚迪已经与位于洛杉矶的艺术中心设计学院建立了长期战略合作，该学院在汽车和交通工具设计等方面处于业内领先水平，今后的合作将越来越紧密。

·卖方案：树立全球新能源交通新标杆

在技术的推动下，交通行业不断经历变革。经过了以燃油车为主的 1.0 时代和电动化的2.0时代，交通行业升级为“以电动化、立体化和智能化为一体”的3.0时代。2018年5月30日，比亚迪在菲律宾与当地多个合作伙伴就“电动乘用车、电动商用车、电动叉车和轨道交通”组成的3.0交通解决方案达成共识和合作，正式宣告这一代表行业发展趋势的方案首次在海外落地。比亚迪在菲律宾并非只有乘用车，3.0交通解决方案被看作是“解码”未来出行革命的钥匙。比亚迪的3.0交通解决方案非常贴合菲律宾政府的发展愿景。比亚迪亚太汽车销售有限公司总经理刘学亮说：“7年前，比亚迪率先提出的‘城市公交电动化’战略，不仅已经上升为中国的国家战略，更逐渐成为全球共识。如今，我们又首度在海外落地比亚迪3.0交通解决方案，将代表未来出行趋势的电动化、立体化、智能化的新型产品带到了菲律宾，为菲律宾构建全新的交通网络。我们的目的地不只是在菲律宾，而是在全球，希望这一方案成为‘解码’未来出行革命的世界级方案。”[①]

巴丹省长Albert S. Garcia表达了对打造无碳岛的决心。他说：“这不只是为了满足当下的出行需要，更重要的是，通过提供便捷、低碳的交通设施，保障经济持续高速发展和城市形象提升，并最终实现无碳排放。比亚迪轨道交通和电动巴士综合优势突出，将大幅提升城市出行效率，非常适合我们巴丹。” 对于巴丹省为何要在菲律宾率先开启绿色能源革命，Albert强调“如果去做，无碳岛就会实现”[②]。从荷兰西斯蒙尼克岛，到韩国济州岛，再到菲律宾巴丹半岛，打造无碳岛渐成全球趋势。

2018年5月30日，菲律宾历史上实现首批电动巴士交付。菲律宾的电动车

① 比亚迪进军东南亚，首批订购的“唐”已经销售一空．搜狐汽车，2018-05-31.

② 电动化、立体化、智能化 比亚迪3.0交通解决方案首次在海外落地．搜狐汽车，2018-06-03.

发展尚处于萌芽阶段。作为首家成功进入菲律宾的新能源汽车企业，比亚迪交付的电动巴士纳入了马尼拉公共交通系统。CMC 是菲律宾最大的巴士组装企业，占据当地 70% 的市场份额，CMC 总裁 Arsenio. G. Yap 曾表示，"比亚迪电动巴士续航里程是所有品牌中最长的，电池寿命也最长，这是我们最看中的，因为马尼拉堵车非常严重，续航里程对我们来说非常重要。"[①] 因此，CMC 与比亚迪不仅将在菲律宾合作生产电动巴士，共同推动菲律宾汽车产业的升级和电动车的产业化，而且会将合作范围扩大至其他商用车领域。

比亚迪在菲律宾的另一个乘用车合作伙伴 Solar 交通集团与比亚迪的合作也十分紧密。Solar 交通集团计划在菲律宾引入比亚迪王朝系列车型。"首批订购的'唐'已经销售一空了，这种体验是我之前从来没有经历过的，我们对'唐'在菲律宾的前景很期待。"[②]Solar 交通集团总经理 Mark Andrew Tieng 对比亚迪在菲律宾的火爆如此描述，并且 Solar 交通集团要求引入更多的比亚迪新能源汽车。为菲律宾打造的 3.0 升级交通解决方案，让比亚迪为全球树立行业发展标杆，比亚迪的立体新能源解决方案为全世界的绿色梦想添砖加瓦。

· 求共赢：布局"一带一路"新能源合作新网络

自 2013 年"一带一路"倡议提出以来，比亚迪的全球化步伐开始明显加快。在应对大气污染、化解能源危机成为世界共识的今天，比亚迪的新能源车、太阳能、储能业务已经遍布全球。在其设立销售、研发中心或生产基地的国家中，新加坡、马来西亚、泰国、叙利亚、伊拉克、印度、埃及等为"一带一路"沿线国家，其

① 一锤定音：比亚迪绿色交通走进菲律宾．搜狐汽车，2018-06-01．

② 一锤定音：比亚迪绿色交通走进菲律宾．搜狐汽车，2018-06-01．

余多数则是“一带一路”重要相关国家。在“一带一路”不断推进、绿色出行俨然已成全世界关心的话题、科技日新月异的大背景下，中国吸引世界目光的亮点又多了一个。它便是中国的绿色新能源领军企业——比亚迪。继在多个国家和地区完成新能源产品的布局后，比亚迪在海外又有大动作。2018年11月27日至29日，我国领导人对西班牙进行国事访问，比亚迪董事长兼总裁王传福作为企业家代表随行出访。期间“中西企业顾问委员会”正式成立。此次高规格的“中西企业顾问委员会”成立大会，邀请了中国和西班牙两国经济界多个领域的“明星”企业参与，而比亚迪是中方仅有的民营新能源汽车企业代表。放眼国际，布局新能源领域的企业不在少数，而比亚迪能够在激烈的市场竞争中胜出，实现弯道超车，扬名海外，与其自创立之日起便注入血脉中的创新因子有必然的联系。

比亚迪为新加坡的环保事业贡献了很多力量。2017 年 2 月 24 日，100 辆比亚迪 e6 纯电动车组成的首支新能源出租车队投入了新加坡的商业运营。比亚迪纯电动出租车的到来，让新加坡市民无须预约就可以享受到电动车环保、静谧的服务，并且每年为新加坡减少二氧化碳排放约 46400 吨，相当于植树近 26000 棵。

比亚迪在埃及也受到追捧。2018 年 1 月 24 日，埃及亚历山大省客运局与比亚迪签署订购 15 台纯电动巴士订单协议。埃及迎来了历史上首批纯电动巴士，正式开启了公交电动化的新时代，这也是埃及积极改善交通环境，顺应全球能源变革的历史性的一步。这支巴士车队由 15 台 12 米长的比亚迪 K9 组成，单次充电续航里程超过了 250 公里，于签约后的 8 个月内全部交付。埃及当地政府因为是首次启用纯电动巴士，因此对这次招标极为谨慎，比亚迪公司在激烈的角逐中突出重围。对此，亚历山大省长 Mohamed Sultan 表示：“近年来，比亚迪在全球电动公共交通领域声名远扬，处于世界领先地位。此次采用纯电动巴士，将是一个全新的开始和尝试，对埃及新能源交通的推广和可持续发展，起到了历史性的推动作用。我们希望与比亚迪携手，改善城市交通环境，开启新未来。"[①] 截至 2019 年，比亚迪与埃及的合作已经长达 14 年之久。最早在 2005 年，比亚迪就开始与埃及阿迈勒汽车制造厂共同生产汽车。比亚迪乘用车在埃及当地广受欢迎，在埃及成功树立了中国汽车品牌新星的形象，并积累了品牌知名度。比亚迪中东非洲汽车销售事业部总经理黄志学表示，"未来，比亚迪在埃及的发展目标，是通过电动巴士、云轨、电动出租车等产品，将公交电动化、立体化解决方案带入埃及。我们希望在推广比亚迪产品的同时，解决当地交通拥堵和污染问题，助力当地的新能源交通应用及可持续发展。"[②] 在中国政府"一带一路"的倡议之下，中国企业拿下了越来越多的海外订单。对于比亚迪来说，不断输出的除了产品外，还有"中国标准"与变革精神。王传福认为："对'一带一路'沿线很多发展中国家的开拓和布局，除了能够为比亚迪带来市场机会，还提供了中国企业在国际市场确立自己技术标准的机会，这可能是更有价值的部分。"[③]

以中国智慧，输出新能源交通先进模式与理念

多年来，比亚迪不断深耕海外市场，自 1998 年比亚迪率先在欧洲设立分公

① 埃及迎史上首支纯电动巴士车队：比亚迪打造．快科技，2018-01-25.

② 又一新突破，古埃及也被中国比亚迪 K9"圈粉"了．搜狐汽车，2018-01-25.

③ 比亚迪拿下全球首条跨海云轨 海外落子频频将塑造新增长点．搜狐科技，2018-05-29.

司开始，经过24年的高速发展，比亚迪在全球已有24万名员工，新能源车足迹遍布全球6大洲、50多个国家和地区的300多个城市。比亚迪进入国外市场时，面对的不是“零起点”而是“负起点”。比亚迪靠自己的实力扭转了发达国家对中国品牌的固有认知，让“中国汽车制造”的口碑超越了“0”，未来致力于成为“第一”。未来，随着我国“一带一路”倡议的发展和“中国智造”崛起的雄心，比亚迪顺势而为，将代表中国新能源汽车开启全球新能源交通出行新时代。

自20世纪90年代以来，亚太管理学界对于来自中国的“龙跨国企业”日渐关注。学界的关心，从最早关注于国家层面的“走出去”号召下大型国有企业集团的跨国经营，渐渐转变为对中国企业海外经营成功的能力塑造过程与核心要素的探究。这其中，“龙跨国企业”的适应能力，也就是中国企业走出去以后是如何主动适应所在国或地区的政治、经济以及社会文化，一直是一个关注的焦点。因为毕竟中国企业不得不涉足的诸多市场在“文化”上与中国差异明显，不能积极对接，那就只能“铩羽而归”。而对于跨国企业的文化适应，学者们关注的要么是对东道国文化与社会规范的“被动”，要么是巨无霸跨国企业与当地文化的“冲突”，对于“主动地加以改变”则着墨不多。写的少，说的也少，很大程度上是因为这样的成功案例比较稀缺。主动改变当地市场的文化、获得认同，对于企业的“情商、政商”要求很高，并无定式可循。在这方面，比亚迪的探索与摸索值得商界、学界共同借鉴和研究。

第八章

对话未来：敢问路在何方

比亚迪经验对中国制造的启示

曾经，巴菲特的“黄金搭档”、国际投资界奇人查理·芒格将王传福比喻为托马斯·爱迪生和杰克·韦尔奇的合体，意指王传福在解决技术问题时像爱迪生，强烈的目标感则像韦尔奇。如今时间过去了十余年，芒格对于王传福的看法看似丝毫没有改变。2019 年 2 月，在洛杉矶出席每日新闻集团股东大会上，芒格先是毫不留情地嘲讽了特斯拉首席执行官马斯克，然后对比亚迪赞誉有加，重复了他两年前的观点：王传福值得下注，因为他有自知之明，清楚什么是自己能做到的，什么是有困难的。而马斯克则认为自己无所不能。

在巴菲特和芒格看来，王传福和他的比亚迪有梦想、有技术、有策略，脚踏实地而又不失技术家的优雅。这些理应成为中国制造企业家所共有的良好品质。

·技术梦想 + 产业情怀

在王传福眼里，“技术为王，创新为本”是比亚迪始终要坚守的发展理念，多达几万名的技术研发人员，是比亚迪最宝贵的财富。“我首先是一名工程师，其次才是企业家。”王传福对自己的角色定位决定了企业的发展战略。2015 年 12 月，《互联网周刊》发布“2015 年中国智造 100 强排行榜”。华为、中兴、比亚迪位居榜单前 3 名。比亚迪在汽车行业中排名第一。截至 2017 年，比亚迪全球累计申请专利超过 2.2 万项，其中已被授权专利约 1.4 万项。在公司最艰难的时候，王传福也从来没有放弃过自主研发，正是这种技术梦想使比亚迪可以突破一个又一个巅峰。“技术首先要为战略服务，其次才为产品服务。”王传福表示，早在十多年前，比亚迪就通过技术研发“预测”到了新能源汽车时代的到来。“正是以领先的技术和前瞻的战略作为支撑，我们的产业布局和产品投放，才有机会做到超前和领先。”数据显示，比亚迪新能源汽车销量已连续四年排名全球第一。2018 年 1 月到 6 月，比亚迪新能源汽车销量同比增长超过 1 倍。“新能源汽车迎来了百年不遇的好机遇。而强大的技术创新能力，让我们在制定战略时底气十足”，王传福说。

推动一个制造企业持续不断勇攀高峰，除了强大的技术梦想，王传福的一颗产业报国心同样重要。王传福说，“改革开放四十年，中国发生了翻天覆地的变化，下一个四十年，相信我们国家会再次迸发出令世界震撼的力量。”在王传福看来，“改革开放带来了市场化的经济，把各种市场主体的活力迸发出来。从计划经济到市场经济，产生了一点点过剩，不用怕。因为市场经济就是过剩的经济，过剩就要竞争，竞争才会让企业有压力，才会让企业充满活力，竞争带来短期的压力、长期的繁荣。充分竞争的营商环境，是改革开放给比亚迪最好的礼物。”从早期的电池产业叱咤风云，到如今新能源汽车的领导者，王传福用自己的技术和产品来解决中国的社会问题，在解决社会问题和创造美好生活的过程中发展企业自身，通过创新的方法来构建解决方案，24 年，王传福的初心始终未变。

正因为有追求不断进步的、崇高的产业情怀和技术梦想，比亚迪才能够获得市场和用户发自内心的认同。在企业的发展过程中，产业报国的情怀带给王传福越来越大的格局。早期在电池产业叱咤风云，为了给中国企业争一口气硬扛着和日本索尼公司打了一场硬仗，让中国的专利战头一次在海外打了胜仗；进入汽车领域，果敢的提出自己的以“三电”为基础的新能源梦想，让中国、让世界拥有绿色梦想；2018 年，面对扑面而来的“智能网联”大潮，王传福又第一个“吃螃蟹”，成为全国乃至全球第一个敢于开放整车全部传感器和控制权给全球开发者的整车厂商，提出了继“太阳能发电、储能电站、电动汽车”三大梦想后的又一个宏大梦想——汽车智能网联、平台开放。在王传福看来，新能源和智能网联汽车可以让中国拥有绿色梦想减少污染的同时，摆脱对石油的依赖，让中国汽车产业真正与国际企业站在同一起跑线上，甚至可以“超车”。中国要有自己的顶尖的制造业。王传福没有只喊口号，从 2004 年被全世界嘲笑，到 15 年后成为新能源汽车的领导者，他一直默默地用技术梦想支撑着自己的产业情怀。中国的制造业想走向世界领导品牌，要有坐冷板凳的精神，要坚持以技术创新为本，同时也要心怀祖国，提升自己的格局，知道要坚守和坚持的是什么。

· 商业与技术创新的螺旋式迭代

纵观比亚迪的发展，其商业模式的创新和技术创新一直处于“共舞”的状态。王传福的商业模式一直随着技术创新进行螺旋式迭代发展。可以说，比亚迪的商业模式创新是以技术创新来构建其核心竞争力的。比亚迪过去引以为豪的垂直一体化商业模式曾给自己带来了无数的辉煌，这种相对封闭的商业模式是以比亚迪所有技术都自己掌握为基本前提。王传福掌握了以技术为基础的稀缺的资源能力，使早期的比亚迪有效控制成本、赚取了巨大的利润。在这种重视技术的封闭式垂直一体化商业模式下，其专利申请保持高速发展，技术创新反过来加强了商业模式创新的生命力和竞争力。在智能互联的新业态下，比亚迪吸取诺基亚故步自封的教训，果断推行“开放、平台”新变革。在技术创新和商业模式创新的双轮驱动下，比亚迪开放硬件平台，联合互联网企业在硬件平台上搭建智能驾驶系统。

2018 年 9 月 5 日，王传福搞了一场比亚迪全球开发者大会，发布了“D++” 开放生态，其中包括 341 个传感器及 66 项控制权，这将会给汽车行业带来巨大的颠覆式创新。面对市场对于比亚迪“开放平台”的质疑，王传福认为，通过与全球合作者的合作，能够把汽车平台的安全问题顺利解决，不能因为担忧就把汽车的开放之路堵住。用王传福的话来讲，“这是汽车行业史无前例的开放。在这个 D-Link 车载智能开放平台上，可以为开发者提供开放的接口、车辆数据和控制权限；按照应用方向，分为车应用开发平台和自动驾驶线控平台两大部分。”[①] 王传福看似自断后路的决绝，也正是倒逼比亚迪摈弃过去的思维定式，开启第三次、第四次创业，“革自己的命”，才能有可持续的成功。

在制造业国际化方面，王传福选择的模式与路径也与大部分同行不同。根据比亚迪最新的组织架构，如今比亚迪旗下已经包含了五大产业群：电池产业群、IT 电子产业群、乘用车产业群、商用车产业群、云轨产业群。比亚迪的品牌定位也悄然发生了变化，比亚迪希望成为新能源整体解决方案的开创者。国际化是中国企业走出去的关键一课，是中国制造迈向中国智造的一道必考题目。和大部分中国企业选择的国际化路径不同，比亚迪没有把容易进入的发展中国家作为优先进军市场，而是选择了难度大、壁垒高的发达国家作为国际化优先市场。比亚迪的国际化没有选择先易后难，而是选择先难后易，背后是一种怎样的动机，又是来自怎样的思考？这其实是比亚迪带给中国企业如何走向国际的一个重要启示。王传福的想法是，如果比亚迪和中国大部分企业一样，把目光停留在发展中国家，那么和比亚迪竞争的其实大部分是国内企业，容易进入价格战，这不是中国制造

① 王传福：只要灵魂不屈，就一定能走出一条康庄大道．东方新闻．2018-09-15.

未来的方向。王传福心目中的比亚迪，首先进入发达国家市场，是为了在国际高端市场的竞争中，比亚迪通过试水历练打击，把自身的技术打磨得更加精湛，欧美国家的汽车行业标准很严格，比亚迪通过与发达国家汽车行业和企业的交锋，提升了自己的核心竞争力。同时，由于比亚迪在欧美日韩国际市场主推纯电动大巴，这其实也是欧美、日市场忽略的一个细分市场，比亚迪通过技术创新使自己在这一细分市场掌握精湛的技术，用自己的高品质产品给欧美市场上了生动的一课。获得了欧美、日、韩汽车市场的认可，比亚迪再进入“一带一路”国家的心情和起点也不一样。王传福带领比亚迪在国际市场上给“中国制造”树立了新的形象，靠的是比亚迪夜以继日以技术创新为主的战略和逆向思考的商业模式。比亚迪电动巴士在欧美、日、韩获得成功，是比亚迪在海外市场拓展的一个很大的突破，这是比亚迪超常规国际化布局的巨大印证，是中国制造高端化的一份骄傲。从未来着眼，比亚迪通过跨国并购使比亚迪的国际化布局向更深层拓展，这也让比亚迪拥有了更高的竞争壁垒。

·技术为王：从逆向创新到正向研发

王传福依靠结合本土特点的逆向创新，独创了“半自动化加人工”的生产方式，俗称“小米加步枪”，一手创立了“电池大王”时代。他通过这样的逆向创新方式，打败了当时风光无限的日本厂商。那时候的日本厂商压根就不相信王传福可以做出低成本、高质量的电池，王传福根本没把日本高价格的生产线放在眼里，他横下一条心决定自己动手制造生产设备，把生产线分解成一个个可以由人工完成的工序，从电池生产线到汽车模具，王传福把如何有效利用人力资源发挥到了极致。王传福这样做不但有效降低了生产成本，而且将技术的消化吸收和工艺改进都融入制造业的各个环节。王传福由于对人工和技术研发的极度推崇，使比亚迪非常重视产业链的“垂直整合能力”。在进入燃油车领域之后，比亚迪走的也是逆向创新之路。当时，王传福的发展思路非常清晰，他果断瞄准了中国巨大的低端顾客市场，在对中国消费者进行分析的基础上，选择模仿全世界最畅销的车型——丰田花冠，打造比亚迪第一款自主品牌汽车，王传福仅仅用了两年时间，比亚迪F3就成功上市，这种被王传福誉为“站在巨人的肩膀上”的模仿行为给比亚迪带来了巨大的成功体验。除了F3模仿丰田花冠之外，比亚迪很多产品都是对既有热销车型的模仿，如F3R模仿别克凯越HRV，S8模仿奔驰CLK，M6模仿丰田普瑞维亚。在此基础上，王传福充分利用汽车制造业丰富的技术积累，巧妙地运用已经过期的专利技术及非专利技术，并在此基础上进行研发，用以解决缺乏技术的难题。逆向创新的本质是价值创新，这也是比亚迪在电池领域和燃油车领域取得成功的本质。

作为中国新能源汽车的领跑者，比亚迪的新能源汽车自从生下来就走的是正向研发路径，而非逆向创新。“电池、电机、电控”作为比亚迪的技术三把斧，已经成为比亚迪品牌立足市场的金字招牌。其技术的集成性、精密性、领先性是其他企业在短时间内难以模仿、超越的。而比亚迪作为中国新能源汽车的引领者，也从未停下研发的脚步。比亚迪成立至今，共研发了国内外首创技术五十余项，专利总数过万件，期间还斩获全球“科技100强”、全球创新企业50强（第8位）、全球改变人类生活的51大公司（第15位）、联合国新能源特别奖等诸多奖项。在出色成绩和行业领先的背后，是比亚迪品牌对技术研发孜孜不倦的追求。

在新能源汽车领域，比亚迪掌握了“三电”的正向研发技术。三电技术是电动车发展中最重要的一项，其中有一个非常关键的配件叫IGBT，它是一种全控型电压驱动式复合功率半导体器件，具有高开关频率、高电压、大电流，易于开关等优良性能，被誉为变流器中的CPU，就是这一配件，长期被外国品牌垄断，中国IGBT 90%的市场都掌握在外国企业手中。随着自主品牌技术不断发展完善，这一局面逐渐发生改变，比亚迪作为国内新能源品牌领导者，一直深耕电动车技术，在2018年发布了IGBT 4.0技术，在国内IGBT领域已处于行业领先地位。一直以来，电池、IGBT都是新能源汽车发展的瓶颈，从电池到比亚迪现在推出的IGBT，再加上中国还有其他的一些器件厂商，这两个方面使我们在新能源车方面真正实现了把核心技术掌握在了自己手中，不受制于其他国家，中国的电动车产业发展再不用担心被“卡脖子”了。

通过逆向创新过渡到正向研发，比亚迪带领中国新能源汽车，在行业内稳扎稳打，靠技术创新在国际新能源汽车市场上争夺发言权，这对中国制造业其他企业的转型升级具有巨大的借鉴意义。

“比亚迪智造”的未来之问

·维持并扩大现有竞争优势

2019年1月30日，国务院新闻办举行新闻发布会，有记者提问，“新能源汽车和智能网联汽车是我们推动汽车产业转型升级的两大突破口，能否介绍一下在新能源汽车和智能网联汽车行业中国在国际上处于一个什么水平？”

工业和信息化部部长苗圩针对新能源汽车指出，“（一是）从新能源汽车发展的情况来看，中国目前处在世界前列，无论新能源汽车的产销量还是从充电设施的建设普及程度来说，中国都处在前列。去年（2018 年）我们产销量分别达到 79.4 万辆和 77.7 万辆，连续三年位居世界第一，累计保有量达到 180 万辆，占全球市场保有量的 50% 以上。二是技术水平明显的提升。2017 年年底达到的水平和 2012 年相比较，动力电池单体能量密度提高了两倍，价格下降了 70%。另外，现在一批领先的企业纯电动汽车主流车型续航里程都可以达到 300 公里以上，与国际水平相当。三是产业体系基本建立，新能源汽车的发展带动作用明显增强。电池、电机、电控系统整个产业体系比较完整的，动力电池方面我们已经成为世界第一大动力电池生产国。四是企业的竞争能力大幅度提升，有四家企业进入了全球新能源汽车销量的前 10 名，新能源客车的出口已经多达三十多个国家和地区，部分电池电机企业已经为国际跨国汽车企业成功提供了产品，成了它们的供应商。五是充电基础设施建设在稳步推进。像北京、上海、深圳等城市建成了规模化的充电服务网络，车桩比大概可以做到 1.3 到 1.5 的比例，国家电网公司也在高速公路的沿线布局建设充电设施。所以，从整体上来看，新能源汽车有望成为我国汽车产业转型升级、实现跨越发展、抢占先机的重要机遇，我们叫‘换道超车’。”

2018 年，中国成为世界最大的原油进口国，对外依存度已经高达 70%。如果交通领域实现全面电动化，我国石油对外依存度将可降为零，这对中国来说是一个非常大的战略安全。全球范围内，唯有中国政府把“新能源汽车”提高到国家战略层面的高度。2018 年，我国汽车整体销量在增长 28 年以后首次出现下滑，但是电动车却保持60%以上的高速增长，电动乘用车更高，保持在80%。在欧美日传统车企看来，新能源汽车只是作为燃油车的补充，没有花费企业的主要资源和精力去研究新能源电动车。在电动汽车中，最核心的“三电”技术，我国与主要世界强国处于同一水平，甚至于局部领先。比如像在电池、电机、电控这些核心领域，中国的零部件企业都很强。即使像芯片领域，像IGBT，比亚迪已经在IGBT芯片有13年的研发和产业化的经验，而且比亚迪整车的配套基本达到90%，这也算全球领先的水平。

在“新能源+智能网联”大潮波涛汹涌的今天，中国除了传统车企在这场群雄争霸战中摩拳擦掌之外，还出现了很多“造车新势力”，很多品牌会通过推出一两款性能科幻、价格浮夸的概念车来吸引消费者的眼球，比亚迪又如何能继续保持“新能源汽车领导者”的称号？

市场数据说明一切。2019年新年伊始，比亚迪的市场表现依旧很亮眼。2019年1月，比亚迪汽车终端交付近6万辆，同比增长77%。其中，比亚迪新能源汽车终端交付达3.2万辆，同比暴增342%。2018年7月，比亚迪新能源车销量首次超过燃油车。虽然2018年从全年来看，比亚迪新能源汽车销量还是比燃油车少了2.5万辆，但对比亚迪的利润拉动无疑是新能源车居多。比亚迪已经从一个燃油汽车领域的追赶者，华丽变身为新能源汽车领域的领导者。如果比亚迪四连冠的全球新能源车销量榜首的惯性足够强大，那比亚迪的光明未来自然可期。

比亚迪电动车的发展，靠的是王传福的技术前瞻能力和默默无闻做下去的韧性。早在2004年，比亚迪就展出了第一款纯电动概念车ET。那时候比亚迪连F3都没有，但是已经在新能源汽车的路上开始了实践。没有“新能源汽车”这个产业，没有新能源补贴，比亚迪完全是靠对未来趋势的把握提前布局了自己的新能源产业格局。直到2010年全球第一款插电混动汽车F3DM上市时，全世界还是把这款插电混动轿车当成异类。与其他持观望态度的厂商相比，比亚迪是脚踏实地在新能源汽车行业做了15年的企业。

·应对新能源汽车政策变局

新能源汽车的发展在我国汽车领域具有里程碑式的意义，是我国从汽车大国迈向汽车强国的必由之路。国家新能源局建立“退坡、调整、退出”机制，国家从2018年起政策补贴逐渐退出，直至2020年全部退出。国家加强对新能源汽车资质的审查，取消补贴政策，这一系列举措必然会将一部分弱势车企淘汰掉，实现市场的优胜劣汰。国家从2017年就开始减少新能源汽车的补贴，2017年补贴在2016年基础上整体退坡20%，到2018年，退坡力度加大，而且更加细化。国家宣布对续航里程150km以下的纯电动车取消补贴；对续航里程150~250km的纯电动车补贴划分为两档：150~200km续航产品将从原来的3.6万元补贴下降至1.5万元，200~250km续航产品的补贴则将为2.4万元；对续航里程300km以上的纯电动车，补贴金额有所提升；450km以上的长续航车型，补贴从原来的4.4万元提高至5万元。国家推出这样的政策，是给新能源汽车市场发出了明确的信号，即单纯依靠国家补助，俗称“骗补”的车企会逐渐被市场淘汰，这对于新能源汽车市场是一个绝好的洗牌机会。像比亚迪这样的有竞争力的车企会在这场混战中脱颖而出，并树立更加良好的品牌形象。2019年的新能源补贴政策是个过渡期，并不会短期内一并取消所有的补贴项目。

乘联会发布的数据显示，目前的新能源汽车市场，虽然补贴力度逐步减弱，但并未削弱新能源汽车的市场热情。比亚迪、吉利、北汽等多家车企均表示，不会因为补贴取消而涨价。总的来说，2018 年的新能源补贴政策侧重非常明显，在鼓励高续航、高能量密度、低电耗车型的同时，严打那些涉嫌骗补、占号的“低端”电动车。王传福对这种趋势早有预测，在大多数对手静观其变时，比亚迪已经率先出击，从续航里程、电池能量密度、电控系统方面的表现都有了显著的提升。比亚迪是国内新能源汽车（客车 + 乘用车 + 专用车）的龙头，且长期稳坐新能源汽车销量第一名，2018 年比亚迪新能源汽车销量为 24.78 万辆，同比增长达 94%。比亚迪新能源汽车市场占有率上升为 19.7%，其中新能源乘用车比亚迪市占率为 22.3%，较上年提升 1.3 个百分点。据艾媒咨询 2018 年调查问卷反应，由于其“好口碑 + 技术优势”，比亚迪新能源车仍为多数人的首选，其销量增长将由“政策驱动”向“消费驱动”进行转变。

·“硬”平台上的理念与模式

2018 年 10 月 18 日至 22 日，世界智能网联汽车大会在北京召开，来自数十个国家和地区的近千名专家学者、企业高管就智能网联汽车前沿技术、标准制定及生态构建等话题深入探讨和交流。在大会上，工信部部长苗圩表示，“目前，发展智能网联汽车已经成为各国共识，美、德、日等汽车强国纷纷加快战略布局，各大科技巨头大举投资并购，全球智能网联汽车发展呈现出核心技术加速突破、基础支撑加快完善、产业生态渐趋成熟的良好态势，新的汽车时代呼之欲出。”

随着互联科技的不断升级，作为智能车载系统的载体——汽车中控屏幕的尺寸也越来越大，从最初的七八英寸到后来的 10 英寸上下，如今，主流动辄已经是 12 英寸以上的尺寸了。作为汽车“大脑”，智能车载系统附加的功能越来越多，大屏趋势不可避免。更重要的是，各车企根据自身特点，打造出了独树一帜的智能车载系统。除了比亚迪 DiLink，目前较为流行的智能车载系统还有奔驰 MBUX、宝马 iDrive、凯迪拉克 CUE、吉利 GKUI、蔚来 NOMI。比亚迪 DiLink 智能网联系统是比亚迪基于智能硬件、车内网、云端通信、信息融合、AI、大数据等先进技术和用户洞察，独立自主研发的“技术 + 内容”的服务生态体系，其包含 Di 平台、Di 云、Di 生态和 Di 开放四大模块，实现全面连接人—车—生活—社会。这套系统基于最新的安卓系统，其最大亮点就是拥有海量的应用，且硬件性能强悍，堪比智能手机。比亚迪 DiLink 智能网联系统是比亚迪“造车新时代”下的智能开放系统，其最大的意义在于“开放”二字。比亚迪 DiLink 智能网联系统还将开放整个数据层和控制层，开发者可以获取安全驾驶、行车信息、网联娱乐、底盘操控、健康保障共六大类数据及对应的 66 项控制权限。在车联网之上，又可以衍生出 UBI 定制保险、P2P 车辆租赁、快递到车、汽车金融、汽车支付等更高级的服务体系，并且会成为汽车接入智能交通体系的关键一环。进一步讲，未来的交通已经不再是运输场所，而是集合了高智能、高效能、低碳化、网联化的智能出行解决方案；而未来的汽车也不再是单纯的运输工具，而是集合了“四个轮子 + 一块电池 + 一部电脑”的智能出行终端。而要实现这人与车、车与车、车与云端大数据，也就是要实现包括人工智能、大数据、物联网、IoT、AR/VR、区块链等软件平台和解决方案，开放，既是办法，也是宗旨。如今比亚迪先行一步，从这个意义上来讲，比亚迪才是真正意义上的“造车新势力”。

·“技术”与“商业”的关系

从手机电池起步，到新能源汽车引领者，再到光伏储能领域，最后到云轨，比亚迪自1995年创立以来，始终坚持“技术为王，创新为本”的发展理念，承载梦想，砥砺前行。早期比亚迪的商业模式，是“袋鼠模式”，即集中内部资源，在已有的商业领域成功后，迅速进行战略转移，利用内部的资源像袋鼠一样繁衍一个又一个新业务。比亚迪选择汽车行业看似“天马行空”，实际上是“形散神不散”，整个产业链各项业务之间可以发生聚合效应。在电子部件、模具、车载电池等领域的领先优势，使比亚迪可以率先掌握某些具备核心竞争力的零件，再组成整车的集成优势，从而打造出了一般民企无法超越的制高点。比亚迪商业模式的成功在于：首先，比亚迪的主业是保持绝对的竞争优势的，竞争者在短期内难以突破，这样，比亚迪为新业务的成熟赢得了充裕的时间；其次，在产业布局上会选择处于发展初期未来潜力巨大的行业，这样不至于陷入持久战；最后，始终以技术为基础，注重技术研发，使其在新产业领域具备强大的技术储备，比亚迪有强大的“技术池”，可以为比亚迪拓展相关领域提供源源不断的动力支持，这是比亚迪商业模式推动其成功的最根本特征。

比亚迪作为一家同时掌握新能源汽车“三电”（电池、电机、电控）及充电配套、整车制造等核心技术，以及拥有成熟市场推广经验的跨域制造企业，其“四大绿色梦想”（即太阳能电站梦想、储能电站梦想、电动车梦想、轨道交通梦想），让世人刮目相看。王传福带领比亚迪依靠脚踏实地的创新能力，将他的梦想一个个都变成了现实。比亚迪一开始就以“先行者”的姿态展现世人，经历了很多磨难之后，又以“领跑者”的姿态出现在新能源汽车行业，其版图上涵盖了燃油车、动力电池、新能源的“7+4”战略、云轨等多种业务板块，不仅产业链完整，而且云轨等技术“独此一家”。

“技术”与“商业”的关系，王传福谙熟于心。从本质上来说，商业模式创新背后的基础是对技术的突破和升级。技术能够促进商业生态系统的发展和商业模式的创新，从而给企业带来更大的利润，为企业进一步投入前沿技术开发打下坚实的基础。从本质上来说，技术的创新不是一朝一夕的事，需要长时间的培养和发酵，而一旦技术成熟，会推动整个行业的商业模式的创新。在互联网浪潮下，唯有掌握核心技术，才能实现商业模式的持续创新。王传福深知，要“低头拉车”，也要“抬头看路”，“技术”和“商业”两者同样重要，不可偏废。相信王传福在未来的道路上，能够继续做到让技术为战略服务，实现商业模式的持续创新。

后　记

本书完稿时，江南已是一片绿意盎然。勃勃生机却不掩风起云涌。举国在“中国制造 2025”下凝聚一心，从制造业大国向制造业强国迈进的步伐无人可挡。中国制造的晋级之路离不开一批有技术梦想和产业报国情怀的技术型企业家。面对世界强手的技术垄断，唯有实实在在的努力打破外部技术壁垒，形成核心技术，跻身世界前沿，把技术创新融入中国产业乃至社会发展的文化之中去。“没有伤痕累累，哪来皮糙肉厚，英雄自古多磨难。”夺取科技制高点的路是一条漫长的路，比亚迪和华为一样，仍在默默努力中低调地积蓄着自己的实力。

新能源汽车的发展是一场波澜壮阔的工业革命，它带来了能源结构的调整、智能电网的兴建、交通基础设施的升级、产业链的调整和改造等诸多变化。“时势造英雄”。作为新能源汽车领域的领军者，比亚迪通过短短二十余年的发展就成为横跨汽车、新能源、IT等多个领域的产业集团。凭借比亚迪实实在在的商业成功，王传福奠定了自己“技术派”企业家的翘楚地位。

作为一位杰出的企业家，王传福先生为人是低调的。比亚迪公司从创始到现在的二十几年中，王传福先生从未撰写过自传，他本人也较少接受媒体的采访。市面上研究王传福和比亚迪的书一直在出，但没有一本著作是比亚迪官方授权的。比亚迪公司从“垂直一体化”到“开放平台”的转变，其实也是王传福先生从“封闭”走向“开放”、从幕后走向前台的转变。我们有幸在比亚迪宣布全面向平台化转变之时，通过对王传福先生的访谈，领略了比亚迪在战略发展布局与理念上的先人一步。回溯过往，本书的撰写也战胜了诸多挑战。在两年多的追踪研究过程中，系统梳理了各个时期比亚迪公司的发展，总结出王传福的管理智慧集中在“技”“术”“智”“造”四个维度，并集中阐释了王传福先生如何凭借这种独特的管理智慧，带领着比亚迪一步一步跌宕起伏走到今天。

本书得以完稿，首先要感谢复旦管理学基金会和复旦大学东方管理研究院给予的经费支持，以及复旦大学管理学院苏勇教授的鼓励和指导。本书的作者之一，顾倩妮在复旦大学师从苏勇教授攻读硕士和博士学位。跟随苏勇老师学习的这些年以及在复旦求学所学的管理理论及研究方法，为作者从事王传福先生的管理思想研究奠定了基础。另一位作者张强是在日本筑波大学攻读的博士学位，他对制度变迁的研究和战略方法在科技产业中运用的理解，让我们能够深入地探究比亚迪公司的每一个发展时期，提炼出王传福先生从无数的机遇与磨难中得到的管理智慧。因此可以说，本书并不是一部横向展示王传福先生管理智慧的著作，而是为了纵向展示王传福先生在不同的阶段如何一步一步地形成自己的管理智慧的过程。相信这样的写作手法，有助于读者更加深入地了解王传福作为一个低调的“技术派”企业家，他独特的管理智慧是如何形成的。感谢苏勇教授让我们有机会参与“改变世界：中国杰出企业家管理思想访谈录”研究项目。感谢复旦大学东方管理研究院高级研究主管赵海龙博士在访谈和研究过程中给予的大力支持与热心关照。感谢所在单位上海工程技术大学的领导和同事的支持。同时，我们也要感谢《第一财经》采访团队，感谢前第一财经传媒有限公司首席执行官周健工先生对王传福先生的精彩访谈，我们从与“一财”团队的互动中受益颇丰。感谢比亚迪总部品牌公关部部长李巍女士等在我们后期研究过程中提供的资料和支持，这为本书的顺利完成创造了条件。

在本书的撰写过程中，研究素材除了项目组对比亚迪先生的访谈录音和企业内部的一手资料以外，我们还详细阅读了其他有关比亚迪及王传福先生的书籍和期刊文章、主流媒体采访报道等二手资料。这些二手资料为本研究提供了丰富的研究素材和灵感，是本书得以成形的基石。通过将我们搜集的一手资料和二手资料进行交互印证，有助于更为深入地探究王传福先生思想的形成与演化，进而为学界和业界提供更多有价值的管理启示。由于资料来源众多，书中未能全部逐一列出，在此一并表示由衷的感谢。

二零一九年四月

作者于上海广富林